AF453797

SECONDE
LETTRE
A M. PITT.

SECONDE LETTRE

D'UN FRANÇAIS

A M. PITT.

OU

EXAMEN du systéme suivi par le gouvernement britannique envers la France, durant les dernières années de la monarchie et depuis l'établissement de la République.

SECONDE ÉDITION.

A PARIS,

Chez

Dupont, libraire, rue de la Loi, n°. 1231.
Maret, libraire, Cour-des-Fontaines, Palais-Egalité.
Desenne, libraire, Palais-Egalité.
Malherbe, libraire, Palais-Egalité.
Et chez tous les marchands de nouveautés.

An 6, (1798, v. st.).

J'ai promis une seconde lettre à M. Pitt ; je remplis mon engagement. Il sera facile de s'appercevoir que c'est dans cette lettre seulement qu'est traité la question principale, et, qu'à proprement parler, la précédente n'étoit qu'une introduction. J'ai déjà expliqué les raisons qui m'avoient porté à reprendre la chose d'aussi loin.

La quantité de notes qui surchargent le texte, pourra, au premier coup-d'œil, sembler une vaine ostentation. On changera d'avis, lorsqu'on verra qu'il falloit choisir entre les fondre dans le discours et les mettre à part, et l'on sentira qu'il n'y avoit point à hésiter.

On a reproché à la première lettre que la matière y étoit trop serrée. En accordant à ce reproche le poids qu'il mérite, je me féliciterois presque de l'avoir encouru. Cela prouveroit que j'ai résisté au desir assez commun, de donner aux choses écrites de beaux développemens qui n'ajoutent rien à leur substance. D'ailleurs, quoique les deux lettres puissent fournir l'étoffe d'un manifeste, je ne pouvois pas oublier que je n'en faisois point un.

Je me suis imposé, dans cette lettre, la même loi que dans l'autre. Je n'ai rien épargné pour convaincre le cabinet britannique de ses aggressions depuis long-tems méditées. J'ai cherché en même-tems à démontrer la fausseté de ses combinaisons, en rapprochant l'état de choses qu'elles ont amené de celui qu'auroient infailli-blement produit des combinaisons contraires. J'ai usé avec la plus grande discrétion du droit de rai-sonner.sur les faits, et malgré cette sévérité, j'ai presque fait un livre !

L. A. P.

Paris, ce 20 *nivôse an* **6.**

Depuis ma première **Lettre** écrite, Monsieur, je n'ai cessé d'éprouver un sentiment pénible : c'est la crainte d'avoir dit de vous ou trop de bien ou trop de mal, et de vous avoir fait ou plus grand ou plus coupable que vous ne l'êtes réellement. Quelques personnes, dont je respecte l'opinion, pensent qu'en effet je suis tombé dans ce double excès. Elles auroient voulu que des éloges que j'ai donnés à votre administration, j'eusse pris le soin de distraire ceux qui portent sur des mesures auxquelles vous n'avez eu d'autre part que de les avoir vu proposer et adopter sous votre ministère. Elles auroient desiré de même de voir distinguer dans les projets systématiques de désordre que je mets à votre charge, ceux où vous avez vraiment eu le mérite de l'invention et l'honneur des premiers rôles, de ceux où vous n'avez été qu'instrument et acteur subalterne, et qu'enfin j'eusse quelquefois abandonné les grands traits pour descendre aux détails des intrigues et des compromis, qui, selon elles, ont le plus souvent été le principe de toutes vos opérations politiques.

Rien n'étoit plus dans mon cœur, Monsieur, que de vous rendre strictement justice. Si, dans les tems que j'ai parcourus, je me suis beaucoup plus attaché au ministre qu'au courtisan ; si je n'ai point recherché, parmi les subsides qui vous ont été accordés d'enthousiasme, quelles sommes furent employees à corrompre des voix dans le parlement, à enrichir vos amis, à satisfaire l'avarice personnelle du roi votre maître ou à tout autre service honteux qui ne souffriroit point le grand jour, c'est qu'il m'importoit beaucoup moins de

A 3

révéler des turpitudes auxquelles les partis, en
Angleterre, peuvent attacher beaucoup d'importance, que d'exposer une suite de projets qui intéressent le repos de l'humanité. C'est ainsi qu'en
examinant la carrière d'un général fameux qui a
tenu dans ses mains les destinées de l'Europe, il
seroit ridicule, à mon gré, de prendre beaucoup
de peines pour démontrer sur combien de marchés
onéreux il a spéculé, et combien de créatures il
s'est faites par des trésors illégalement acquis. Les
factions ont pu attaquer ainsi Marlborough pour le
supplanter et le perdre; mais l'histoire ne descén-
dra point dans ces détails pour le juger. Enfin, je
me crois d'autant plus rassuré contre ces repro-
ches, qu'au pis aller je n'ai fait que vous accorder,
dans toute sa plénitude, le privilège dont les premiers ministres ont toujours joui, de recueillir
exclusivement ou la gloire ou la honte de tout ce
qui se fait pendant leur règne. C'est dans le même
esprit et d'après les mêmes principes que je vais
continuer mon examen.

J'aurai d'autant plus raison, Monsieur, de rat-
tacher à votre nom seul tous les événemens qui
vont suivre, que je ne partage que peu ou point
l'opinion dont je viens de parler. Je crois ferme-
ment qu'il est entré, dans votre conduite, plus d'obs-
tination et de système que de complaisance et de
corruption. Je crois que lorsque vous avez acheté
des suffrages et prodigué l'or, vous l'avez fait
plutôt pour le succès de vos plans, que pour tout
autre motif; ensorte que si ces plans sont coupables, si vous avez été le maitre de les diriger
ou de les suspendre, c'est à vous qu'en revient
réellement tout le blâme. On peut dire, en effet, que depuis l'affaire de la régence, vous avez
gouverné sans contradiction, ou plutôt en dépit
des contradicteurs. Le parlement, où vous aviez
triomphé avec tant de gloire d'une opposition

redoutable, en 1788 et 1789 (1), fut dis-
sous, et celui qui lui succéda vous apporta un
dévouement sans bornes. Votre autorité étoit d'autant plus solide, que George III ne pouvoit en
secouer le joug, sans se jetter entre des mains qu'il
redoutoit encore plus que votre despotisme ne lui
pesait. Vous n'aviez plus de rivaux; la conduite
qu'avoit tenu l'opposition dans les discussions sur la
régence, vous en avoit débarrassé. Contrarié par
la moitié du cabinet, à laquelle se rallioit le roi;
abandonné, dans la Chambre des Pairs, lors de
l'affaire de Nootka-Sound, aux attaques sévères
du marquis de Lansdowne, vous persistâtes dans
vos vues; vous eûtes la satisfaction de mettre
votre monarque dans la nécessité d'opter entre
votre retraite et une sonmission implicite à vos
projets, et de le voir se déterminer pour la dernière alternative (2). Voilà, Monsieur, une belle
position : voyons l'usage que vous en allez faire.

Trois objets intéressans se disputoient votre attention au commencement de l'année 1791 ; la
guerre du Levant, celle qui venoit d'éclater dans
l'Inde, et la situation intérieure de la Frauce.
Les deux premiers, et sur-tout le second, étoient
d'une haute importance : mais cette importance
n'étoit que secondaire comparativement avec celle
du troisième, qui, de votre aveu même, étoit,
depuis quelque tems, le régulateur de toutes vos
actions.

D'après cet aveu, dont au surplus nous n'avions
nullement besoin pour nous convaincre de tout
l'intérêt que vous preniez à ce qui se passoit chez
nous, il sembleroit qu'abandonnant l'ensemble de

---

(1) Dans les débats snr la régence.

(2) Lors de la conclusion de l'accomodement avec l'Espagne, M. Pitt éprouvant toutes ces contrariétés, offrit sa démission : elle ne fut pas acceptée.

vos plans , je devrois ne m'occuper que de vous suivre dans votre conduite envers la France. Mais je ne puis me résoudre à omettre les dernières scènes de l'intrigue que vous aviez nouée en 1788 sur le continent, ni passer sous silence la guerre qui couronna dans l'Inde l'édifice de la domination anglaise. Il y a plus, je ne puis le faire sans accuser la méthode que j'ai suivie jusqu'à ce moment, et sans laisser dans la succession des projets que notre révolution a fait éclore dans le cabinet britannique, une lacune dont, j'en suis sûr, vous me sauriez mauvais gré.

En effet, Monsieur, en commençant par l'Inde, qui peut ignorer que cette guerre prit sa source dans notre foiblesse, et dans les vues que cette foiblesse momentanée vous fit concevoir ? Il faudroit avoir oublié l'inquiétude que vous causa l'ambassade de Tipoo-Sultan à Paris, et les nombreux interrogatoires que subit à cette occasion notre envoyé à Londres (1). Nos ministres, on ne sait trop pourquoi, y répondirent avec une dignité qui n'étoit plus de saison. Cette circonstance ne servit qu'à donner du poids à vos soupçons, ou plutôt à légitimer à vos yeux des plans déjà arrêtés. Des dépêches furent expédiées dans l'Inde, et porterent à lord Cornwallis l'ordre de saisir le premier moment favorable pour attaquer Tippoo. Il n'étoit pas difficile. pour un homme dont le caractère violent fit prévoir, dès son départ (2), les résultats dont nous avons été les témoins, de trouver des occasions et d'imaginer des prétextes. Il falloit peu de raisonnemens pour lui faire entendre que la France, que la paix de 1783 avoit laissé avec

---

(1) Les ambassadeurs de Tipoo arrivèrent à Paris en 1788. On n'imagine pas combien cette ambassade intrigua les ministres anglais.

(2) Lord Cornwallis partit pour l'Inde en 1786.

une loge sur la côte du Malabar ; sur celle de Co-
romandel , avec Pondichéry dévasté et quelques
aldées sans population comme sans revenu , et à
qui il ne restoit, dans le Bengale, que Chander-
nagor qui ne conservoit plus, de son ancienne
importance, que le nom ; que la France, qui venoit
de souffrir que sa Compagnie des Indes se rendit
volontairement le facteur de la vôtre (1) ; que
cet Etat enfin, livré aux chocs les plus terribles,
songeoit à développer, dans l'Inde, des moyens capables d'anéantir la puissance anglaise dans la
presqu'isle, malgré l'appui qu'elle venoit de recevoir par l'alliance de la Hollande. Il devint donc
nécessaire, instant, et c'étoit en Angleterre l'opinion de tous les hommes considérés, de saisir l'occasion qui se présentoit de faire à jamais dispa-
roître notre influence des Durbars (2) asiatiques ;
de susciter une querelle entre le Rajah de Tra-
vancore et Tipoo ; d'envenimer cette querelle, en
soutenant les prétentions injustes du premier au
détriment des droits du second sur Cochin ; de
souffler enfin une guerre injuste pour y prendre
part, sans autre motif que le desir de guerroyer,
et sans autre nécessité que celle d'attaquer un ennemi foible et tranquille, et de porter à la considération de la France, dans l'Inde, les derniers
coups.

Je ne dirai rien des opérations politiques et militaires du cabinet de Calcutta. La triple alliance
qui fut signée entre lui et les cours de Poonah et
d'Hyderabad (3) fut un chef-d'œuvre d'autant plus
digne d'être apprécié , qu'il ôtoit à votre ennemi

---

(1) Traité passé en 1786, entre la Compagnie française et
celle anglaise.

(2) Nom des cours des princes de l'Inde.

(3) Ce traité fut signé vers le milieu de 1790. Les puissances
contractantes s'y partageoient les états de Tipoo.

l'espoir de lier contre vous une partie semblable, dont la guerre de 1778 avoit démontré tous les dangers, et qu'il étoit prouvé que, malgré l'étendue de ses moyens et sans le concours des Marattes et du Nizam du Décan, la Compagnie anglaise ne pouvoit prétendre à des succès décisifs contre le roi du Mysore. Les opérations militaires furent aussi heureuses que gigantesques (1), et malgré les revers momentanés que les alliés éprouvèrent, elles durent arriver à leur but. Quatre millions sterlings furent dépensés par la Compagnie : mais quels sacrifices n'auroit-on pas faits pour obtenir le résultat qu'on se proposoit dans cette guerre dispendieuse ? Depuis la paix de 1783, nos prétendus projets sur l'Inde étoient un fantôme qui troubloit le repos du cabinet britannique. Il voyoit à tout moment Dupleix renaître de ses cendres, et M. de Bussy ressusciter sa gloire et ses projets. Vous le débarrassâtes enfin de ces terreurs importunes, et le traité de Seringapatnam (2), en renfermant Tipoo dans les restes du royaume de son père, consolida pour jamais votre empire dans l'Indostan, et préluda aux partages non moins importans que vous aspiriez à faire dans les autres parties du monde.

Sûr de vos opérations dans l'Inde, et délivré dans cette partie du monde de toute espèce d'inquiétude, vous pûtes vous occuper, sans distraction, de vos projets en Europe qui commandoient alors toute votre attention. Vous vous trouviez, en effet, dans une position difficile, depuis la paix que vous aviez fait signer à la Suède et à Léopold. La retraite de ces deux puissances du combat, n'avoit terminé qu'en partie la guerre du

---

(1) La compagnie fit mouvoir à – la – fois trois armées de Madras, de Bombay et de la partie méridionale du Carnate. Cette guerre lui coûtoit 3oo,ooo liv. st. par mois.

(2) Février 1792,

Levant; et la lenteur des conférences qui s'étoient ouvertes à Sistove, entre les parties belligérantes, prouvoit combien il étoit à craindre de la voir devenir générale. La Russie, marchant de victoires en victoires, augmentoit de jour en jour ses prétentions : la prise d'Ismaïl (1) vint encore les accroitre, et les bons offices que vous offriez à Pétersbourg, en faveur des Turcs, avec une sollicitude en apparence bien réelle, étoient assez mal accueillis par Catherine II. Vous ne pouviez sortir que par deux voies de cette position véritablement embarrassante; c'étoit ou de porter sérieusement le Divan à la paix, ou de faire vigoureusement la guerre, soit dans la Baltique, soit dans la Méditerranée ou dans l'une et l'autre mer à-la-fois. On avoit long-tems cru que telle étoit votre intention, et vous vous plaisiez à donner à cette opinion, une consistance qui séduisit long-tems le public.

Mais vos lenteurs à vous décider convainquirent bientôt les observateurs que vous ne prendriez point de parti violent. Toute idée de guerre étant abandonnée, vous deviez donc recourir aux moyens de pacifier; et pour l'intérêt même des Turcs, il étoit instant de les amener à des dispositions qui y fussent analogues. Au lieu de choisir une de ces deux alternatives, vous retombâtes dans ce système d'intrigues vagues et sans objet, qui avoient fatigué l'Europe depuis 1788, et dont tant de puissances avoient à se plaindre pour s'y être imprudemment livrées : vous parvîntes à ranimer la Prusse au combat; la Prusse, que votre conduite en 1790 auroit dû dégoûter d'accepter des rôles de votre main, et qui devoit suspecter vos liaisons avec Léopold et vos ménagemens

---

(1) Fin de décembre 1790.

étranges pour Catherine envers laquelle vous aviez deux langages, celui des bravades et de la jactance que vous employiez à Londres, et celui de la plus basse complaisance que vous fesiez tenir à Pétersbourg. Vous réussites à faire prendre une seconde fois, à Frédéric Guillaume, une attitude guerrière, et ce succès vous fut d'autant plus facile, qu'une révolution ministérielle venoit de faire triompher l'influence de votre cabinet à Berlin (1), et qu'aux yeux de cette cour, avide de paroître sur le théâtre, le rétablissement de la Pologne, sa chimère, en apparence favorite, depuis l'alliance de 1788, et la cession de Thorn et Dantzig (2), étoient un appât toujours séduisant. On se détermina donc à partager avec vous, comme médiateur à Pétersbourg, les humiliations que vous y receviez sans cesse. La Porte, au bord du précipice, avaloit encore le poison de vos promesses (3). L'Empereur, enhardi par ses liaisons avec vous, et par les succès de la Russie, refusa de s'en tenir aux préliminaires de Reichenbach, et éleva des prétentions aux limites du traité de Passarowitz. Le congrès de Sistove parut ne devoir pas être plus heureux que celui d'Yassi : la Suède étoit encore disposée, pour de l'argent, à se précipiter de nouveau dans la guerre; l'Espagne, détachée de nous par vos artifices, et peut-être sérieusement effrayée de l'inertie de notre

---

(1) M. Hertzberg arriva au ministère en février 1791.

(2) L'Angleterre faisoit tout son possible à Varsovie, au commencement de 1791, pour faire réussir les négociations entamées par le roi de Prusse, pour obtenir Thorn et Dantzig. C'étoit là le but de l'office passé vers cette époque à M. Hailes, chargé d'affaires d'Angleterre en Pologne, pour déterminer la république à se prêter aux vues commerciales de la cour de Berlin.

(3) M. Pitt, au commencement de 1791, proposoit un traité d'alliance à Constantinople.

cabinet, consentait à mêler son nom aux démonstrations que vous faisiez, et à se mettre avec la
Hollande et la Prusse à la suite de votre ministre
à Pétersbourg. Tout annonçoit que la guerre alloit se généraliser de nouveau : vous pensâtes tout
pacifier par des apparences ; si elles eussent été
sincères, et si la cour de Pétersbourg n'en eut point
eu le secret, elles auroient peut-être réussi. Mais
Catherine II savoit trop à quoi s'en tenir ; et elle
crut pouvoir, sans danger, refuser positivement
l'offre formelle que vous lui fîtes de votre intervention.

Cet évènement changéa un moment en certitude l'attente où l'on étoit de voir éclater la guerre.
Le discours que votre monarque prononça à cette
occasion au parlement [1], et les subsides qui lui
furent accordés, ne laissèrent plus de doute sur
votre intention de tirer une vengeance éclatante
de cette insulte. Mais malgré tout l'appareil de
cette démarche, ceux qui connoissoient la politique de la Grande-Bretagne, et qui avoient suivi
votre caractère, s'obstinoient à n'y voir encore
qu'un jeu. Ils comparoient la vigueur soudainement déployée dans l'affaire de la Hollande et
dans celle de Nootka, les flottes mises inopiné-
ment à la mer dans la dernière circonstance, avec
le départ pur et simple d'un envoyé extraordi-
naire pour Pétersbourg [2], et prédisoient ce que
nous avons vu arriver depuis. On savoit que vous
seriez trop soigneux de votre popularité pour faire
la guerre, de toutes, la plus impopulaire à Londres ;
que par vos menaces, vous ne tendiez qu'à déterminer Catherine II à des facilités dans la négociation de commerce que vous suiviez avec elle ;

(1.) Mars 1791.
(2) M. Fawkener partit pour Pétersbourg peu de tems après
le discours du roi.

que votre rapprochement avec l'empereur n'avoit d'autre but que d'obtenir, à Ostende, un entrepôt de marchandises coloniales, dont vous vous proposiez d'inonder la France et l'Allemagne, depuis les malheurs de nos colonies ; que vous supposer des plans conformes à vos démonstrations, c'eut été vous attribuer le projet de maintenir le système du Levant, qui ne pouvoit être avantageux qu'à la France, et de travailler, malgré cette puissance, pour ses intérêts : d'un autre côté, on n'ignoroit point que vos armemens, dont la guerre de l'Orient n'étoit que le prétexte, avoient pour but de tenir l'Angleterre en mesure de profiter des convulsions de la France, ou de prendre part à la ligue qui, dès lors, se préparoit contr'elle sur le continent. On s'obstinoit donc à croire que vous sacrifieriez et la Prusse et Léopold, que vous laisseriez la Russie faire ce qu'elle voudroit ; que vous sacrifieriez les Turcs ; que vous ne mettriez pas un vaisseau à la mer, et qu'une partie de vos subsides passeroit en France pour y fertiliser le champ, malheureusement trop fécond, de nos divisions intestines.

Jamais prédiction ne fut plus complettement vérifiée. Votre escadre, immobile à Spithead, ne fit pas un mouvement, et tous les efforts de M. Fawkener aboutirent à obtenir, pour les Turcs, des termes qui leur avoient été offerts deux ans auparavant (1). La Prusse, toute dévouée qu'elle étoit à votre cabinet, fut indignée de ce résultat (2) : elle alloit vous demander l'exécution de vos promesses sur Thorn et Dantzig, lorsque la révolution de Pologne, qui prenoit tous les jours

______

(1) La paix fut conclue le 11 août, entre les Turcs et les deux cours impériales. L'empereur obtînt ce qu'il desiroit.

(2) M. Hertzberg donna sa démission dès le mois de juillet, parce qu'il prévoyoit ce résultat.

des caractères plus sérieux, vint vous préparer heureusement un prétexte pour ne point les remplir (1).

Tel fut le dénouement du drame que vous représentiez sur le théâtre de l'Europe depuis quatre ans. Pour savoir ce que nous devons penser de ce dénouement, et du rapport qu'il avoit avec les intérêts de l'Angleterre, écoutons ce qu'en disoit M. Fox, au moment où l'on ne pouvoit encore que le prévoir, et lorsque vous faisiez des préparatifs, en apparence, pour en amener un tout-à-fait contraire (2).

« Le ministre a eu, depuis trois ans, de grands
» projets, sans courage pour en exécuter aucun :
» il a mis en avant la Suède et l'a sacrifiée : il a
» soufflé le feu de la guerre entre la Porte et la
» Russie, et aujourd'hui il ne peut réussir à l'é-
» teindre : il a fomenté la révolte dans les Pays-
» Bas et les a livrés à l'empereur. Sans doute, il
» falloit profiter des embarras de la France pour
» établir notre ascendant d'une manière solide,
» et procurer à notre commerce de grands avan-
» tages ; la circonstance étoit belle ; elle étoit telle,
» que l'ambition d'un Marlborough et d'un Go-
» dolphin (3) n'auroit osé l'espérer. Quel parti a
» tiré le ministre d'une aussi brillante occasion ?
» La France sortira infailliblement de ses embar-
» ras. Alors, je ne vois pas que nous puissions
» être aussi tranquilles que nous l'avons été jus-
» qu'ici. Le moment est donc venu, de nous
» mettre sérieusement en mesure de parer à tous les

---

(1) M. Pitt, lorsqu'il vit la révolution de Pologne devenir sérieuse, nia en plein parlement, d'avoir jamais eu l'intention de faire céder Thorn et Dantzig à la Prusse.

(2) Chambre des Communes, avril 1791.

(3) Premier ministre sous la reine Anne.

» évènemens, en améliorant nos finances, et en
» étendant notre commerce. »

. Voilà donc, Monsieur, à quoi aboutirent tant
de mouvemens et tant de démonstrations. Vous
aviez remué tous les cabinets, fatigué toute l'Europe, compromis tous les intérêts, arraché à la
France toute sa considération, détaché d'elle tous
ses alliés, même ceux dont elle avouoit, dont
elle aidoit, à son détriment, tous les projets ambitieux, et tout cela en pure perte, non-seulement
pour l'Europe qui demandoit à grands cris un
système, mais encore pour la Grande-Bretagne,
qui ne retira de cette vaine agitation que l'odieux
de l'avoir suscitée, des dépenses inutiles et le mépris qui suit toujours la duplicité malheureuse et
démasquée. Ceux qui ne connoissoient point le
fonds de vos secrets, crurent que, dégoûté de nouer
de nouvelles intrigues, vous alliez laisser respirer
l'Europe et vous livrer aux vues paisibles qu'avoit
recommandé M. Fox, comme les plus adaptées
à la position et aux besoins de l'Angleterre; mais
votre destinée vous poussoit à des combinaisons
bien différentes, et dans lesquelles vous deviez
échouer avec bien plus d'éclat, après y avoir fi-
guré avec gloire. Il s'agissoit de lier une partie
dirigée ouvertement contre la France, et d'enta-
mer enfin le grand projet, dont tous les évènemens que nous venons de passer en revue n'étoient
que le prélude. Ce ne fut qu'après nous avoir en-
levé toutes nos alliances et toute notre considération; après avoir vu tous nos moyens extérieurs
anéantis par les malheurs de nos colonies et la
chûte de notre commerce; après nous avoir ôté,
enfin, toute espérance de secours ou de diversion
dans toutes les parties du monde, que vous vous
décidâtes à donner les mains à la confédération
qui se chargeoit, sous vos auspices, de nous porter les premiers coups.

M²

Me voici arrivé enfin, Monsieur, à la plus importante époque de votre admininistration, et aussi à la partie la plus intéressante de l'examen que je me suis proposé de faire de votre conduite à notre égard. Je n'ai plus à craindre d'être distrait par des incidens étrangers : car du moment où vous eûtes pacifié le Levant, vos yeux ne cessèrent d'être fixés sur nous. A cette époque, beaucoup de choses s'étoient déjà faites, et la ligue, qui prit son nom des conférences de Pilnitz, quoiqu'encore peu connue, étoit cependant formée. Remontons, Monsieur, aux époques qui l'ont vu naître, et voyons la part qu'eut l'Angleterre à cette coalition, aussi fameuse par ses projets que par les grands évènemens qui les ont déjoués. C'est ici, Monsieur, que nous avons besoin tous les deux d'une grande véracité ; vous, pour ne point recourir à la ressource peu honorable des dénégations et des subterfuges, et moi pour éviter l'influence de la passion qui porte souvent à l'imposture. Tout ce que nous avons fait jusqu'ici n'est qu'un travail préparatoire ; ce n'est que le préliminaire de la question qu'il importe enfin d'approfondir. J'ose me flatter que le résultat de mes recherches, tirera enfin nos deux nations de l'incertitude où vous vous obstinez à les tenir sur la véritable origine de la guerre, qui continue de les diviser.

La malveillance personnelle du roi votre maître pour notre révolution, cessoit depuis long-tems d'être un mystère. Dès 1790, il la manifestoit dans toutes les occasions par les propos les plus injurieux contre l'assemblée nationale et les membres qui y soutenoient la cause du peuple contre la cour. Ses ministres partageoient cette haine ; ils y ajoutoient l'expression d'une joie barbare, et qu'ils ne dissimuloient pas même devant nos envoyés, sur les prochaines convulsions qu'ils espéroient voir éclater dans nos colonies et dans le

sein de la France. M. Burke avoit publié ses invectives contre nos principes, et l'accueil que les
ministres et le roi lui-même firent à cet homme
auparavant abhorré, indiquoit assez les projets
que l'on fondoit sur notre situation. L'idée d'intervenir dans nos affaires à main armée, commençoit à prendre de la consistance. On le desiroit
trop ouvertement ; M. de Calonne, admis chez
vous à la plus intime confiance, le promettoit
trop publiquement ; la noblesse émigrée , les
confidens et les amis de votre monarque l'annonçoient avec trop de confiance pour qu'on pût en
douter (1).

En 1791, les soupçons commencèrent à se changer en certitude. L'évêque de Chester, prêchant
devant les pairs et la famille royale assemblée,
fit les plus pompeux éloges du livre de M. Burke,
et disputa avec lui de violence et d'outrages à
notre égard (2). On exaspéroit les princes d'Alsace
dans leurs différends avec nous, et l'on voyoit
dans ces différends *une heureuse occasion , pour
l'Empereur, d'intervenir dans nos agitations politiques.* Ce qui n'avoit été qu'une polémique entre
M. Burke et Thomas Payne , devint affaire de
factions , et les ministres, en soufflant le feu de la
discorde, en dirigeant l'insurrection de Birmingham , dont un patriote célèbre étoit l'unique objet (3), contribuèrent de tout leur pouvoir à
diviser la nation anglaise en deux partis. Le parlement lui-même devint le théâtre d'une lutte

---

(1) Le duc de Wirtemberg, qui se trouvoit à Londres,, l'envoyé de Hollande et M. de Calonne , sont les principaux per-
sonnages à l'indiscrétion desquels on fait ici allusion.

(2) 11 février 1791.

(3) La populace de Birmingham se souleva contre les dis-
senters, qui avoient célébré le 14 juillet. Le laboratoire du
docteur Priestley fut mis au pillage.

qui fut encore la suite de cette imprudence, et dont les conséquences menacent de très-près aujourd'hui la Grande-Bretagne. Pour les observateurs, les séances de la Chambre des Communes des 15 et 17 mai, furent une époque. Alors il se manifesta dans l'opposition des principes qui en changèrent totalement le caractère. Ces principes avoient déjà causé la défection de M. Burke; ils préparèrent dans son sein les désertions plus nombreuses, qui devoient un jour la réduire au degré de nullité où elle se trouve aujourd'hui. On se rappellera long-tems des larmes qu'arracha à M. Fox la profession de foi du célèbre apostat que vous veniez d'accueillir, et la violence que les principes firent à une amitié de vingt ans dans le cœur du premier (1). Dès lors, Monsieur, vous dûtes prévoir ce qui arrive aujourd'hui : que l'Angleterre étoit décidément divisée comme l'étoit la France, et qu'une révolution ne pouvoit être prévenue que par une réforme aussi prompte que radicale. Le parti que vous prîtes dans cette mémorable discussion, mit à jour tous les projets que vous avez ultérieurement développés, et l'on remarqua ces paroles prophétiques qui, dans votre bouche, suivoient les expressions de la défaveur la plus marquée à l'égard de notre constitution nouvelle : « Je » ne veux point parler actuellement de la consti- » tution française, quoiqu'il ne soit pas invrai-

---

(1) On discutoit dans la Chambre des Communes, les lois qui devoient gouverner le Canada. A cette occasion, M. Burke s'emporta en invectives contre notre constitution. M. Fox la défendit. M. Burke soutint son opinion avec toute la chaleur et l'emportement qui le distinguoient. M. Fox, qu'une longue amitié avoit lié à M. Burke, ne put retenir ses larmes, et après avoir émis de nouveau son opinion sur notre révolution, qu'il regardoit comme un bienfait pour l'humanité, il déclara qu'il ne rentreroit à la Chambre que lorsque la discussion seroit terminée.

» semblable que j'aurai à en parler un jour dans
» cette chambre. »

Les évènemens qui se succédoient en France
avec une étonnante rapidité, vinrent jeter une
nouvelle lumière sur vos intentions. Louis XVI,
après avoir assuré toutes les cours qu'il jouissoit
d'une entière liberté (1), tenta de s'enfuir pour
aller prendre part aux intrigues extérieures dont
il étoit l'objet apparent. Son évasion fit assez peu
d'impression à Londres, et son retour à Paris vous
parut aussi indifférent; la notification de sa réin-
tégration dans la plénitude du pouvoir monar-
chique, ne parut mériter qu'une réponse assez
vague où, sous le voile de l'insouciance la plus
profonde, on laissoit néanmoins percer l'envie de
se mêler de ce qui se passoit à Paris. Quand il
n'eut pas été facile de démêler cette intention sous
le langage obscur de M. Grenville (2), les com-
mentaires que vous prites le soin de faire insérer
dans vos papiers affidés, l'auroient rendue très-
claire (3). Le changement qui venoit de s'opérer
dans le cabinet (4) et dans le ministère, annonçoit
l'affermissement du système dont la haine de votre
monarque et vos projets ambitieux étoient le principe, et ce qui se passoit dans les différentes cours
paroissoit évidemment être la conséquence d'un

---

(1) Mai 1791.
(2) Juillet 1790.

(3) Voici un paragraphe extrait d'un de ces papiers, du 26
juillet : « Comme il se pourroit bien faire en France une révo-
» lution à laquelle les puissances étrangères prendroient part,
» il convient que l'Angleterre demeure aussi elle armée ». Un
autre papier ministériel disoit : « Nous sommes certains qu'on
» s'occupe en ce moment en Europe d'une coalition qui a la
» révolution française pour objet ».

(4) Démission donnée par le duc de Leeds, de son emploi
de secrétaire-d'état des affaires étangères, et entré de mylord
Hawkesbury dans le conseil privé. Juin 1791.

plan définitivement adopté par la vôtre à notre égard. C'est alors que la cour de Madrid porta contre les étrangers résidens dans ses états, cette cédule vexatoire sur laquelle on ne peut douter que vous aviez été consulté, par l'empressement que vous mettiez à assurer vos négocians qu'elle tomberoit exclusivement sur nous. Vous vîtes, dans cette mesure, un acheminement au succès des vues commerciales que vous aviez sur l'Espagne, depuis les étranges rapprochemens qu'avoit opéré entre vous et cette puissance l'affaire de Nootka. Vous ne contribuâtes pas peu à réunir trois cours, que les derniers évènemens devoient tenir à une distance immense les unes des autres ; la Prusse, la Russie et l'Autriche se donnèrent la main, et vous fûtes l'intermédiaire des négociations secrètes qui mûrirent cette coalition terrible. C'est alors que l'on vit éclater entre la cour de Berlin et celle de Vienne, une intimité qui devoit bientôt se manifester par des actes publics, dirigés contre nos affaires intérieures. Ce fut en Italie que furent jetées les premières bases de ces traités si dangereux pour le repos de l'Europe, et l'on sait que parmi les ministres des futurs coalisés qui figurèrent dans la cour que Léopold tint pendant un mois à Milan (1), mylord Elgin, votre ambassadeur à Naples, et qui devoit jouer un si grand rôle dans la coalition, n'étoit ni le moins actif, ni le moins instruit du but de ces conférences. Les voyages fréquens et précipités de ce ministre de Milan à Londres, et de Londres à Milan, n'avoient sans doute pour objet que des

---

(1) Léopold eut, dans le courant de mai, une longue conférence avec le comte d'Artois à Mantoue. Il se rendit de là à Milan, où il demeura pendant tout le mois de juin. Là se trouvoient M. Bischoffswerder, ministre de Prusse ; mylord Elgin, ambassadeur d'Angleterre à Naples ; un ministre de Saxe ; des princes de Savoie, et toute la cour des Deux-Siciles.

B 3

communications très - intimes, qu'on ne pouvoit confier qu'à un personnage de son importance.

Il est donc avéré, malgré les protestations contraires que votre cabinet a jugé à propos de faire en dernier lieu à Lille, que vous ne fûtes point étranger à ces conventions secrètes sur lesquelles on est encore réduit à de simples conjectures (1). On ne peut certainement douter que l'entrevue qui eut, bientôt après, lieu à Dresde, entre l'Empereur et le roi de Prusse personnellement (2), n'ait été concertée avec vous. Cette dernière conférence mit le sceau aux projets dont on avoit préparé les premières minutes en Italie, qu'on avoit consacrés ensuite dans un traité signé à Vienne (3), et dont on se contenta de publier la substance dans une déclaration (4) qui devint le principe de tout ce qui se passa ultérieurement à notre égard. Direz-vous encore que votre cabinet fut étranger à cette dernière conférence? Mais comment concilier avec cette assertion le voyage confidentiel de M. le comte de Merci à Londres, au moment même où elle avoit lieu (5); la réception brillante qui fut faite à ce ministre, et sur-tout l'intimité dans laquelle vous affectiez de le tenir avec M. Burke, devenu, pour ainsi dire, la trom-

---

(1) On n'a rien de positif sur ce qui s'est fait à Milan. Il est vraisemblable que tout s'y passa en paroles. Ce qu'on a publié depuis sous le nom de traité de Pavie, doit être regardé comme apocryphe.

(2) 25 août 1791.

(3) Traité préliminaire signé à Vienne le 25 juillet 1791, entre le prince Kaunitz, au nom de l'Empereur, et M. Bischoffswerder, au nom du roi de Prusse.

(4) Déclaration signée à Pilnitz (près Dresde) entre S. M. l'Empereur et S. M. le roi de Prusse, le 27 août 1791.

(5) Le comte de Merci d'Argenteau, ministre de l'Empereur arriva sous une espèce d'incognito à Londres, le 25 août, 1791 : il en partit dans les premiers jours de septembre.

pette de la coalition naissante? Si votre cour eut
été aussi soigneuse que vous le dites aujour-
d'hui (1), de ne prendre aucune part à toutes ces
menées, auroit-elle souffert que tant d'apparences
déposassent contre l'hypocrite neutralité dont elle
se voiloit encore? Auroit-elle permis que ses
agens assistassent d'une manière aussi publique
aux conciliabules où l'on conspiroit contre le repos
de l'Europe et contre celui de la France? Nous
savons, à la vérité, et à cet égard nous vous ren-
drons toute la justice qui vous est due, que vous
teniez, sur tout ce qui se passoit, deux langages
bien différens, et que vous étiez aussi avare de
promesses ministérielles, que vous étiez prodigue
d'insinuations. Vous affichiez dans toutes les cours,
malgré les intrigues dont vos ministres s'y ren-
doient les instrumens, un grand desir de conserver la paix; et quoiqu'on sut parfaitement apprécier la valeur de ces protestations, néanmoins,
(tant la Grande-Bretagne avoit à cette époque d'influence) l'incertitude où elles laissoient les cabinets, tenoit en suspend toutes les intrigues. Aussi

---

(1) Il n'y a rien de si plaisant que de voir aujourd'hui les efforts du cabinet de Saint-James, pour prouver qu'il n'eut aucune part aux projets que couvrit la conférence de Pilnitz.
Voyez dans les pièces de la négociation de Lille, publiées par
la cour de Londres, la dépêche de lord Grenville à lord Malmesbury, en date du 20 juillet. Le premier y jette du doute sur
le traité de Pilnitz. Il est sûr que rien n'est plus équivoque que
ce qu'on a publié depuis sous ce nom. Mais ce qui est très-cer-
tain, c'est qu'à la déclaration qui y fut publiée, on ajouta des
articles secrets, comme développemens du traité d'alliance signé vers la fin de juillet, à Vienne, entre les deux rois. Quel
étoit le contenu de ces articles secrets! c'est ce qu'on ne sait
point. Mais l'alliance de la Prusse et de l'Autriche, et le rapprochement bien constaté de la Russie de ces deux cours,
étoient des évènemens alarmans pour l'Europe. Ils pouvoient
donner lieu aux combinaisons les plus subversives, et il suffit,
pour constater la part qu'y prenoit l'Angleterre, qu'elle n'ait
rien voulu faire pour s'y opposer.

l'Empereur , avant d'oser rien avouer des projets
que voiloit son rapprochement avec la cour de
Berlin , eut grand soin de vous faire presser de
vous expliquer , et l'on croit que ce fut là le but
des fréquentes allées et venues de Milord Elgin
d'Angleterre en Italie , pendant le séjour de Léopold dans cette dernière contrée. La réserve avec
laquelle votre cour s'exprima , ne permit encore
de rien hasarder en public ; ce ne fut qu'après
avoir obtenu d'elle quelque chose de plus positif,
qu'on signa le traité préliminaire de Vienne (1).
qu'on risqua l'entrevue de Pilnitz et la proclamation qui la suivit , et ce fut M. le comte de Merci
qui fut chargé de vous communiquer cette dernière , avant même qu'elle n'eût paru. Cette déclaration rendue publique , gardâtes-vous plus de
mesures , et cessâtes-vous d'annoncer la plus par-
faite intimité avec les cours qui l'avoient signée ?
J'en appellerai là-dessus aux voyages de Milord
Malmesbury à Berlin , avec la princesse d'Orange ;
à l'envoi de mylord Elgin à Vienne (2) , sans doute
parce qu'il convenoit mieux que personne pour
achever une trame dont il avoit tissu les premiers fils ; au mystère qui enveloppoit tout ce qui
venoit de Berlin , où régnoit un ministre dévoué
à vos volontés (3) ; à l'affectation avec laquelle
des membres du cabinet disoient que la conférence
de Pilnitz n'avoit eu pour but *que d'empêcher la
propagation de nos principes ;* à la correspondance
que vous suiviez avec M. de Calonne et avec la
cour de Coblentz , par l'intermédiaire de M. Burke ,

---

(1) Il ne faut pas oublier que le congrès de Milan et les
voyages de lord Elgin , eurent lieu dans le courant de juin , et
que le traité de Vienne fut signé à la fin de juillet.

(2) Septembre 1791.

(3) Le baron d'Alvensleben , qui avoit succédé à M. de
Hertzberg.

dont le fils résidoit près de cette cour ; à celle de George III avec Gustave, ce monarque insensé qui, n'ayant pu défendre ses états contre la Russie, dont il venoit récemment de se faire le vassal (1), pressoit votre cour de se déclarer, et la supplioit de lui donner ses douze mille Hessois pour nous soumettre ; aux invitations, enfin, que le roi votre maître faisoit, de votre aveu sans doute, à Louis XVI, pour le porter à ne point accepter la constitution nouvelle (2).

Malgré ces conseils, Louis XVI souscrivit à cotte constitution. Les hommes peu éclairés crurent que cette résolution alloit calmer des agitations qui prenoient en apparence leur source dans l'opposition présumée de ce prince à tout ce qui se faisoit en France. Cet acte fut notifié avec éclat aux puissances étrangères (3). : elles attendirent avec impatience la réponse de votre cabinet, pour rédiger celle qu'elles devoient faire. On se rappelle avec quelle affectation les ministres britanniques s'empressèrent, en lisant publiquement la lettre de George III à Louis XVI sur cet évènement, de démentir des bruits qui représentèrent un moment la réponse de votre cour comme favorable. Cette manœuvre ne manqua point son but, et toutes les cours copièrent exactement la conduite à-la-fois insidieuse et insultante de la vôtre en cette circonstance (4).

---

(1) Traité d'alliance signé dans le courant de 1791, entre la Suède et la Russie. Les puissances contractantes s'y engagent à » communiquer ensemble avec la plus grande confiance, » sur tout ce qui pourroit compromettre la tranquillité inté- » rieure et extérieure de leurs états ».

(2) Tout cela se passoit en septembre 1791.

(3) Octobre 1791.

(4) On sait que de toutes les cours de l'Europe, pas une ne voulut même recevoir l'exemplaire de la nouvelle constitution, qui fut envoyé à chacune d'elles.

Nous arrivons, Monsieur, à la fin de 1791 , et l'orage qui devoit éclater au commencement de l'année suivante, commençoit déjà à s'élever sur l'horison politique. A mesure que les évènemens se mûrissent, je retrouve par-tout votre influence, déguisée, a la vérité, sousdes dehors pacifiques , mais constamment dévoilée par le rapprochement des faits qui ne cesse de la trahir. A peine mylord Elgin est-il arrivé à Vienne, que l'Empereur et la Prusse avouent leurs traités : c'est alors que les états de l'Empire sont appelés à délibérer (1) sur tout autre chose que sur le véritable intérêt du moment, qui étoit de concerter des moyens pour résister à la ligue qui menaçoit leur indépendance. Alors se publient les déclarations des deux cours alliées , destinées à rassurer les esprits sur le but de leur union (2), et rien ne montroit mieux que ces manifestes , la réalité des dangers que l'Allemagne alloit courir. Sur ces entrefaites, les princes français recrutoient à Londres (3) : des agens affidés vous tenoient au courant de ce qui se passoit de plus secret à Spa , à Bruxelles et à Paris (4) ; vos gazettes redoubloient d'invectives contre nous, et votre cour, déjà unie par tant de liens avec celle

---

(1) Décret de l'empereur aux états de l'Empire , sur les mesures à prendre pour le maintien des traités et de la constitution , contre les décrets de l'assemblée nationale de France. 3 septembre 1791.

(2) Lettre circulaire de l'Empereur à ses ministres dans l'empire , sur l'alliance qu'il vient de conclure avec la Prusse. 2 septembre 1791. Le roi de Prusse écrivit une circulaire semblable à ses ministres en Allemagne. 6 décembre.

(3) Un nommé Saint-Clair étoit chargé de ce recrutement : il fut dénoncé dans le Morning-Chronicle , du 6 décembre , et ce n'est qu'après cet éclat que le gouvernement prit des mesures pour le faire cesser.

(4) Le secrétaire intime de M. Pitt , M. Smith , passa par ces trois villes dans le courant de novembre 1791.

de Berlin, se livroit aux plaisirs que lui causoit l'union récente du duc d'Yorck avec une princesse de Prusse (1).

Comment concilierons-nous, Monsieur, avec des démarches aussi peu mesurées, les déclarations réitérées de neutralité que vous continuâtes de faire à Paris et dans toutes les cours ? Comment expliquer ces intrigues secrètes et ces proessions de foi patentes qui se détruisoient les unes les autres, et faisoient du système réel de votre cabinet, une énigme pour le commun des observateurs ? Rien n'est plus aisé, aujourd'hui, que de débrouiller ce chaos. Le ministère britannique étoit divisé depuis les nouveaux évènemens comme il l'avoit été durant les deux dernières années; un parti, qui avoit le roi à sa tête, étoit pour les moyens violens, et vouloit à tout prix une guerre avec nous; l'autre, dont vous étiez le chef, soutenoit cette politique expectative que vous aviez fait triompher dans la guerre du Levant, et que vous vouliez encore faire prévaloir dans les nonvelles combinaisons qui se formoient. La retraite d'un ministre foible (2), mais incapable de se prêter ni aux extravagances d'un parti, ni à l'hypocrisie de l'autre, et l'entrée dans le cabinet de mylord Hawkesbury, le confident des idées les plus exagérées de George III, donnèrent à l'opinion qui vous étoit opposée, un ascendant assez fort pour vous obliger à sortir de tems à autre du système de dissimulation que vous vous étiez fait : ainsi vous étiez forcé de donner la main aux indiscrètes promesses que l'on faisoit aux coalisés, et à tous ces actes qui trahissoient des intentions hostiles. Mais vous réussîtes à main-

----

(1) Ce mariage se conclut en octobre 1791.
(2) Le duc de Leeds ; en juin 1791.

tenir au moins l'apparence de la neutralité , et ce succès suffisoit à vos plans.

Il est vrai que s'il y avoit eu quelque dignité dans notre cabinet, ou plutôt s'il n eut pas lui-même trempé dans tout ce qui se tramoit alors, on ne vous auroit point permis à Paris d'insulter avec cette neutralité frauduleuse, et que l'on vous eût demandé compte de cet état de paix maritime, qui étoit réellement double de ce qu'il étoit en 1789 (1). Mais vous ne pouviez craindre une semblable demande de la part de nos ministres, et vous eûtes raison de penser qu'il vous suffiroit de dire que vous restiez neutre pour qu'on semblât le croire. Vous pûtes donc terminer en paix la guerre de l Inde, qui s'annonça un instant sous des couleurs défavorables (2) ; et sans prendre part à rien d'ostensible, sans compromettre publiquement ni le nom de l'Angleterre , ni sa position brillante, il vous fût permis d'attendre en repos, et avec tous les moyens possibles d'en partager les débris, la dissolution très-prochaine dont la France vous paroissoit menacée ; d'observer tous les mouvemens en Europe, et de travailler sans obstacle à détruire et même, au besoin, à vous approprier en Amérique , une des sources les plus fécondes de notre puissance et de notre prospérité.

C'étoit en effet dans cette partie du monde, sur-tout, que vous vous proposiez de partager nos dépouilles et d'établir, comme en Asie, le monopole de votre commerce et la domination exclusive de la Grande-Bretagne. Aussi ne perdîtes-vous jamais une occasion d'accélérer ce résultat ,

____

(1) L'Angleterre avoit au milieu de 1791 un état de paix double de l'ordinaire. Au fond elle n'avoit jamais désarmé complettement depuis l'affaire de Nootka.

(2) On reçut des nouvelles très-fâcheuses de l'Inde , vers le milieu de 1791.

à commencer du moment où vous vîtes percer en France, avec les nouvelles idées politiques, les premiers rayons de la philautropie. Beaucoup de personnes crurent dans le tems, et l'on a répété depuis, que les motions de M. Wilberforce sur la traite et l'esclavage des noirs, en 1787 et 1788, et la part éclatante que vous prîtes aux discussions auxquelles elles donnèrent lieu, étoient un piège tendu à la sensibilité française et approprié aux dispositions où se trouvoient alors les esprits parmi nous. Quoi qu'il faille penser de cette opinion, et quel que soit le bien ou le mal qui ait pu résulter de ces idées et de leur exécution, je dois vous rendre la justice d'avoir, plus que personne, contribué, même ministériellement, à les accréditer dans nos Conseils. Il seroit fâcheux qu'on ignorât plus long-tems *l'éloquent plaidoyer* que M. Eden eut ordre de présenter à nos ministres, sur le commerce des noirs et sur le traitement qu'ils éprouvoient dans tous les établissemens européens, pour nous déterminer *à concourir à des mesures propres à amener un système plus conforme aux vues éclairées du siècle et à l'humanité des deux peuples* (1). Le mérite de cette démarche, si c'en est un, est malheureusement diminué par votre conduite subséquente dans nos colonies, et j'avoue que c'est avec déplaisir que je vais rapporter des faits qui déposeront toujours à mes yeux contre les sentimens que vous professiez alors en faveur *des victimes de la cupidité et de la férocité des européens.*

A peine les premiers mouvemens se furent-ils manifestés dès 1790 dans nos Antilles et sur-tout à Saint-Domingue, que l'on put voir clairement que votre cabinet ne négligeroit rien pour les entretenir. On ne prenoit pas même soin de dégui-

______
(1) Juin ou juillet 1788.

ser la joie qu'ils inspiroient, et les espérances qu'ils faisoient concevoir : déjà vous croyiez voir la Grande-Bretagne en possession de l'entrepôt d'Ostende que vous sollicitiez à Vienne, pour inonder de denrées coloniales et l'Allemagne et la France (1) ; les immenses envois d'armes que vous fîtes passer dans le cours de cette année dans les isles, n'avoient, en apparence, pour objet que de garantir vos possessions du contre-coup de l'explosion que vous prévoyiez dans les nôtres (2) ; mais on auroit pu leur supposer aussi toutes autres vues bien moins pacifiques. Ce qu'il y a de certain, c'est que vous aviez des émissaires à Saint-Domingue qui travailloient à activer encore la fermentation que devoient produire les décrets contradictoires rendus dans le cours de 1791, par l'Assemblée nationale (3). Si l'insurrection du mois d'août fut préparée par nos colons et nos émigrés, nous avons de fortes raisons de soupçonner qu'elle fut préconcertée à la Jamaïque, et l'on sait apprécier les démonstrations d'amitié et d'intérêt que fit mylord Effingham (4)

---

(1) M. Pitt travailla dès 1790, et n'a pas cessé depuis à réaliser cette idée d'un entrepôt à Ostende. C'était le reste du projet qu'on avoit eu de mettre un prince de l'une des trois familles, d'Hanôvre, de Brunswick ou d'Orange, sur le trône des Pays-Bas. On verra ce projet renaître en 1792.

(2) Il est incalculable la quantité de munitions et d'armes de toute espèce que fit passer le duc de Richemond aux Barbades et à la Jamaïque, dans le courant de 1790 et au commencement de 1791. Les envois dans un moment où, à-coup-sûr on n'avoit rien à craindre de notre part, ne pouvoient avoir d'autre objet que de commencer, au besoin, la guerre dans cette partie du monde avec beaucoup d'avantage, soit contre la France, si elle eut résisté, soit contre les autres puissances maritimes, qui auroient prétendu à partager nos dépouilles ou à s'opposer aux projets de domination de l'Angleterre.

(3) Décrets du 15 mai et du 24 septembre.

(4) Gouverneur de la Jamaïque à cette époque : il envoya quelques armes au Cap après l'insurrection. Les ministres britanniques se firent un grand mérite, à Paris, de ce petit service.

à des administrations complices de ce désastre. Que penser en effet de cette pitié ostentative avec laquelle on s'entretenoit au palais de Saint-James de ces malheurs, et des indiscrètes confidences que des hommes initiés à la confiance du roi, et les ministres eux-mêmes, faisoient, à ce sujet, à qui vouloit les entendre (1)? Quels projets suppo-serons-nous à ces bâtimens légers qui, au moment de la catastrophe, croisoient sur la partie septen-trionale de l'isle et qu'on y vit aborder plusieurs fois (2)? Quelle opinion faut-il avoir de ces agens qui, peu de tems avant l'insurrection, arrivent à la Jamaïque et en repartent accompagnés d'un homme de confiance (3); des entrevues très-secrètes d'abord, moins secrètes ensuite, que vous eûtes après le décret du 15 mai sur les

---

(1) C'est sur-tout à Milord Dover que nous sommes rede-vables d'une foule d'indiscrétions, que des observateurs ont recueilli soigneusement. Le noble lord disoit en 1791 à un étranger, qui lui demandoit quel parti prendroit l'Angle-terre dans les affaires de France. » Vous connoissez notre » histoire; vous savez si la France durant notre révolu-» tion a aidé nos royalistes ». Une autrefois il disoit : » Tout » ceci finira par nous faire obtenir la démolition de Cherbourg » et quelques isles. » Beaucoup de personnes pensent que le duc de Leeds se retira du cabinet, aussitôt qu'on commença à s'y occuper des plans de révolte qu'on préparoit pour nos colonies. Il faut aussi rendre à M. Fox cette justice, qu'aus-sitôt qu'il entendit parler de ces plans abominables, il en témoigna ouvertement la plus profonde horreur.

(2) Le fait de cette croisière est incontestable, et c'est d'un homme en place à Londres qu'on l'apprit dans le tems.

(3) Voici l'extrait d'une lettre que reçut de la Jamaïque un négociant de Londres, vers la fin d'octobre 1791. » Il est » arrivé ici deux individus, dont l'un est supposé être l'assassin » de M. Mauduit. Ils sont envoyés par certaines personnes à » Saint-Domingue, pour savoir sur quel secours on pourroit » compter, en cas que les choses vinssent à une extrémité : ils » sont retournés à Saint-Domingue dans le commencement » d'août, et on envoie avec eux le capitaine Shirley ». Ce Shirley, si je ne me trompe, a commandé depuis pour l'An-gleterre, dans quelque partie de Saint-Domingue.

hommes de couleur avec quelques-uns de nos
colons de Saint-Domingue (1), et où furent sans
doute jetées les bases de ce traité qui fut signé
avec d'autres envoyés de la même colonie aussi-
tôt après la rupture (2)? Que penserons-nous enfin
de l'affectation avec laquelle les gazettes ministérielles insinuoient que l'Espagne avoit seule trempé
dans le mouvement général; des publications à
demi-officielles, où l'on sembloit préparer l'opinion à l'invasion qu'on méditoit de faire de la
première de nos Antilles (3); et des voyages que
fit à la Jamaïque un homme placé dans le dépar-
tement de la marine d'une manière distinguée (4),
et qui ne pouvoit avoir d'autre mission que d'aller préparer les esprits à se donner à l'Angleterre,
et recevoir les propositions qui ont pris depuis la

----

(1) Deux de ces colons sont connus ; c'étoient MM. Bour-
cel et Valentin de Cullion.

(2) Ce traité fut signé en février 1793, à Londres.

(3) Voici un morceau qui paroitra démonstratif, et qui
prouvera en même tems jusqu'à quel point on étoit initié à
Londres, aux secrets de la conférence de Dresde. » L'assem-
» blée nationale vient de réunir Avignon : par le même prin-
» cipe l'Empereur pourroit essayer de recouvrer l'Alsace, sans
» que l'assemblée pût se plaindre. La même diète auguste a
» dit, que lorsqu'un peuple étoit opprimé, il avoit le droit de
» changer son gouvernement. Conséquemment à cette doc-
» trine, pourroit-on, si les habitans de Saint-Domingue ju-
» geoient à propos de se donner à la Grande-Bretagne, blâmer
» M. Pitt ou tout autre ministre de les accepter ? La France
» n'agit-elle pas ainsi, quand la Corse se donna à elle? et parce
» que le gouvernement de la France est totalement changé,
» est-ce une raison pour l'Angleterre de ne pas profiter de
» certaines circonstances, qui pourroient nous soulager d'un
» poids énorme de dettes et d'impôts, que nous devons en
» grande partie à la politique de la France ». Ce morceau
vraiment curieux est pris du Times du 26 septembre 1791. Le
lendemain une autre gazette ministérielle répétoit la même
insinuation en d'autres termes non moins précis.

(4) M. Nepeau, secrétaire de l'amirauté, partit pour la
Jamaïque en décembre 1791. C'est lui qui a été chargé de
toute la partie politique de la guerre qui s'est faite dans les
Antilles.

forme

forme d'un contrat solemnel. J'avoue , Monsieur, que tous ces faits réunis ébranlent l'homme le moins crédule, et coïncident d'une manière terrible pour démontrer , presque jusqu'à l'évidence, que vous avez préparé et attisé les dissentions qui ont déchiré nos colonies, et sur-tout celle dont la richesse troubloit votre repos, et dont un de vos ministres (1) disoit que la ruine valoit plus à l'Angleterre que la conquète.

Nous avons passé en revue assez d'évènemens , Monsieur, dans le court espace de tems que nous avons jusqu'ici parcouru. Reprenons haleine un moment, et employons cet instant de repos à dissiper le vague que laisse dans l'esprit une telle multitude de faits qui tous attachent en même-tems qu'ils intéressent. Essayons de les réduire à une proportion qui permette d'en saisir l'ensemble , et de les lier entr'eux par des conséquences que l'on ne puisse contester. C'est ainsi que nous parviendrons à constater d'une maniere précise, les vraies dispositions de votre cour, à l'époque où éclata la guerre qui vint terminer la paix orageuse dont l'Europe ne put jouir qu'un moment.

S'il est glorieux en Angleterre d'avoir eu une volonté constante de nous humilier et de nous détruire ; s'il y a de l'honneur à préparer les combinaisons les plus étranges, dans le but unique d'y jouer un rôle et d'y faire parade de la plus stérile influence : s'il y a du mérite à armer des Etats et à les compromettre pour les sacrifier ; à former et à rompre tous les jours des alliances ; à changer à tout moment de système et d'amis ; à souffler enfin par-tout la guerre en faisant par-tout des protestations pacifiques ; personne, Monsieur, n'aura

---

[1] Ce propos est de milord Chatham , frère de M. Pitt.

C

plus de droits que vous à la reconnoissance de votre pays.

Votre querelle avec l'Espagne terminée ; la guerre engagée dans l'Inde, sans autre motif que celui de vous préserver des projets de subversion que vous nous y supposiez, projets dont notre situation autant que l'impunité de votre conduite attestent le mensonge, vous rallumez la guerre du Levant prète à s'éteindre : vous rengagez la Prusse, la Suède et l'Espagne dans cette ridicule querelle, en apparence avec la détermination de former un concert d'influences et de forces destinées à protéger efficacement la Porte que vous trompiez par des promesses insidieuses ; vous poussez Léopold à rompre les préliminaires de Reichenbach, et vous souffrez qu'il élève, à la charge des Ottomans, des prétentions que ces préliminaires réprouvoient : vous paroissiez menacer la Russie et vouloir la châtier de son insolence et de ses froideurs, et toutes ces démonstrations jactancieuses, toutes ces insinuations au moyen desquelles vous aigrissiez, vous souleviez tous les cabinets, se terminent par une paix où Catherine dicte les termes, et où la Porte, grace à votre intervention, perd deux boulevards de ses possessions européennes (1). Au milieu de ces intrigues, vous incendiez nos colonies et vous y préparez tous les genres de révoltes. Vous amenez entre la Prusse et l'Autriche les premiers rapprochemens qui devoient produire le congrès de Milan et les conférences de Dresde, et consommer cette alliance monstrueuse à laquelle devoient être sacrifiées et la Pologne et la France ; la Pologne, que vous aviez toujours feint, de concert avec la

---

[1] Orsowa donné à l'Empereur et Oczakow cédé à la Russie.

Prusse, de vouloir rendre à son indépendance ; et
la France, que vous ne cessiez de bercer par des
protestations constantes de neutralité. Vous étiez,
au surplus, merveilleusement secondé par nos ministres dans ces opérations. Dépouillé de toute
considération et déprécié même chez les puissances qui se disoient ses alliées, notre cabinet,
dans ces derniers tems, sembloit n'avoir plus
d'action que pour prendre part à des systèmes
aussi désastreux pour lui que pour l'Europe. Une
fatalité bien cruelle sembloit se complaire à cou-
ronner ses aveugles efforts du succès le plus par-
fait. Sa confiance dans les cours de Vienne et de
Pétersbourg étoit sans bornes : entraîné par cette
confiance, il ne savoit plus que suivre la direction
qu'il plaisoit à ces cours de donner à son langage et
à son influence ; les rapprochemens que je viens
de signaler entre la Prusse et l'Autriche, lui pa-
rurent dans les premiers momens une chose assez
insignifiante (1), et ils ne parvinrent à fixer son
attention que lorsque le mal étoit sans remède, et
que ses perfides alliés, jettant le masque, insul-
toient impunément à l'isolement et à l'impuis-
sance où leurs artifices et leurs trahisons l'avoient
réduit.

Je ne sais, Monsieur, si je me trompe, mais il
me semble qu'à moins d'un succès complet, un
premier ministre qui, dans le calme de sa retraite,
se reporte sur les tems de son administration qui
correspondent avec ces époques orageuses, ne

---

(1) Aussitôt qu'on apprit la signature d'un traité d'alliance
entre la Prusse et l'Autriche, en juillet 1791, il fallut bien,
pour la forme, demander à Vienne des explications. M. de
Kaunitz parvint facilement à rassurer nos ministres, et ils
furent les premiers à répandre que ce traité, d'après les explications du ministre autrichien, étoit le plus innocent du
monde.

C 2

doit voir qu'avec un sentiment profond de **regret**
cette suite de guerres allumées sans nécessité,
fomentées sans intérêt, terminées avec une duplicité également funeste aux amis et aux ennemis, et cette continuité de dissimulations qui,
en prolongeant la sécurité de tous, en éveillant
toutes les espérances et toutes les ambitions, cons-
piroient en effet contre les intérêts de chacun.
Vous ne pouvez, pour vous justifier, recourir à
cette maxime, *qu'on ne doit point disputer sur les
armes quand il s'agit de frapper un ennemi*. Cet
axiôme peut être de mise dans la guerre ; mais
c'est au milieu de la paix, Monsieur ; au sein
d'une paix profonde que tout cela s'est fait : c'est
en vous présentant par-tout comme pacificateur,
que vous jettiez par-tout le désordre : c'est en nous
assurant de votre neutralité ; en la faisant craindre
à la ligue naissante, que vous nous portiez les
coups les plus sûrs et les plus terribles, et que vous
dirigiez ceux qu'il n'étoit pas de votre intérêt de
frapper vous-même.

L'année 1792 vit enfin éclater l'alliance si long-
tems tenue secrète de la Prusse et de l'Autriche :
et ce qui nous prouve que cette alliance laissoit
subsister le traité de Loo dans toute son intégrité,
et par conséquent que vous n'y étiez point étranger, c'est la proposition qui fut faite de bonne
heure aux États-Généraux d'y accéder (1) ; on
étoit préparé à cette proposition, et l'on s'attendoit
à l'accueil qui lui fut fait. S'il y avoit eu à cette époque quelqu'énergie dans notre cabinet au lieu de
passer à Vienne, cette suite d'offices inutiles, auxquels mylord Elgin répondoit par l'organe du prince

----

(1) Le ministre impérial communiqua cette alliance aux
États-généraux en avril 1792, et les invita à y adhérer.

Kaunitz (1) ; au lieu de perdre un tems précieux en
de puériles discussions, on auroit fait la guerre
et c'eut été sur l'Angleterre que les premiers coups
auroient été dirigés. A la place de cette résolution,
commandée par la politique impérieuse des circonstances, on préféra tenter auprès de vous le
hasard de nouvelles négociations. Des hommes,
dont le caractère personnel et les talens devoient
inspirer de la confiance, consentirent à s'en char-
ger; et croyant le moment favorable pour reproduire les idées d'alliance entre la France et l'Angleterre, ils se rendirent auprès de vous (2),
avec l'espoir, sinon de consommer cette alliance,
au moins de vous déterminer à conjurer l'orage
qui alloit éclater.

J'avoue, Monsieur, qu'il fut facile de se laisser
séduire par ces décevantes illusions. On pût croire
que toute votre conduite à notre égard, dans ces
derniers tems, avoit eu pour principe l'humeur
qu'avoit dû vous causer le sytême de nos alliances,
et que vous ne seriez point insensible aux dangers
que couroit la constitution britannique elle-même
dans la nôtre. Vous deviez voir avec peine attaquer à force ouverte une doctrine politique qui
avoit été la base de la grande révolution de 1688,
et à laquelle la maison d'Hanovre devoit le trône :
on put donc espérer de vous amener à un concours
que vos intérêts réclamoient autant que ceux de la
France. Indépendamment de ces considérations,
on essaya de tenter votre ambition par des sacrifices ; on vous offroit le renouvellement du traité
de commerce de 1786 ; ce traité, auquel vous at-

---

(1) Correspondance entre M. de Noailles et le prince
Kaunitz, publiée par ordre de l'assemblée nationale. 1792.

(2) Départ pour Londres des citoyens Talleyrand et Chauvelin. Avril 1792.

tachiez assez de prix pour nous menacer de la guerre, lorsqu'au milieu de notre foiblesse on parloit de le rompre, et dont la prolongation, comme celle du traité d'Utrecht, ne pouvoit être arrachée que par la force. Pour déterminer la confiance de votre cabinet, on vous en témoigna une illimitée. En vous notifiant notre déclaration de guerre à l'Autriche, on y joignit l'assurance solemnelle de respecter tous les gouvernemens établis, et de ne faire la guerre dans aucunes vues d'aggrandissement ; l'on y ajouta l'expression la plus vive, la moins équivoque du desir d'opérer entre l'Angleterre et la France l'union la plus intime (1). On fit plus, on descendit sur nos affaires intérieures, à des explications qui témoignoient plus que de l'empressement pour calmer les inquiétudes les moins fondées. Interrogez aujourd'hui votre conscience, Monsieur, et avouez que si votre cabinet l'eût voulu, des démarches aussi franches seroient devenues la base d'une négociation qui, conduite de part et d'autre avec des sentimens vraiment pacifiques, auroit étouffé l'incendie qui s'allumoit, et laissé la France terminer paisiblement l'œuvre de sa régénération.

Malheureusement pour l'humanité et pour l'Angleterre, tant de grandeur et de sagesse étoit incompatible avec les plans déjà arrêtés par la cour de Londres. Elle répondit à nos ouvertures par des réticences qui laissoient entrevoir ce qu'il y avoit à craindre, et elle se borna à faire entendre *qu'elle demeureroit indifférente à tout ce qui se passoit, à condition que la France respectât les droits des puissances ses alliées* (2). Avant d'avoir donné cette réponse insidieuse, elle avoit

____

(1) Note du citoyen Chauvelin, du 11 mai.
(2) Note de lord Grenville, 28 mai.

déjà publié ses sentimens, avec la même équivoque, dans une proclamation qui dût nous paroître
suspecte, puisque le mot *neutrali é* n'y étoit pas
même articulé ; puisqu'en opposition aux titres
conférés à Louis XVI par la constitution nouvelle, on lui donnoit ceux que cette constitution
avoit détruits (1) ; puisqu'enfin le même jour on
rendit publique une autre proclamation (2) qui ,
avec le but apparent de signaler comme dange-
reuse pour la paix publique, toute correspondance
avec *certaines con rées*, avoit pour objet réel de
manifester hautement la haine de la cour de
Londres pour notre révolution, et de la couvrir
de tout l'odieux que l'opinion du monarque devoit lui donner aux yeux du peuple.

Malgré tant d'indices de malveillance, on ne
se découragea point, et l'on sollicita la médiation
de la Grande-Bretagne vis-à-vis des puissances
qui nous faisoient la guerre ou qui se disposoient
à nous la faire (3). Les liaisons qui existoient
entre la cour de Londres et celles de Vienne, de
Berlin et de la Haye, s'étoient assez manifestées par
les démarches de la princesse d'Orange auprès de
son frère pour l'exciter, et par les mouvemens que
se donnoit le roi de Prusse pour forcer les États de
l'Empire à accéder à la coalition, et elles auroient
rendu cette médiation aussi aisée qu'efficace : la
considération que devoit faire réjaillir sur elle une
intervention aussi glorieuse, devoit suffire pour y
déterminer la Grande-Bretagne. La réponse que
firent ses ministres, prouva, d'une manière évi-
dente, qu'ils étoient déjà liés à des combinaisons

---

(1) Proclamation de neutralité, du 22 mai.

[2] Autre proclamation du 22 mai.

[3] Note du citoyen Chauvelin, 18 juin.

C 4

d'une nature bien différente [1]. Ils nous oppo-sèrent l'indépendance des puissances armées contre nous , et dans cette dérision de tous les principes reçus et mis souvent en pratique par l'Angleterre elle-même , ils rapprochèrent de l'impartialité qu'ils disoient observer dans nos affaires inté-rieures , celle qu'ils vouloient garder à tout prix dans les hostilités : comme si l'Angleterre eût pu réellement rester indifférente aux principes pro-clamés dans la déclaration de Pilnitz et autres publications subséquentes ; comme si elle eût pu , sans sortir du rôle de simple spectatrice ; rôle commode , mais dangereux, mais incompatible avec sa position, voir les progrès d'une guerre qui menaçoit l'indépendance des peuples et l'équilibre de l'Europe !

Une pareille réponse dut faire prévoir tout ce qui arriva dans la suite. La condition que met-toient les ministres anglais à leur neutralité, étoit la pierre d'attente du système qu'ils se propo-soient d'avouer quand il en seroit tems. Ils vou-loient *que nous respectassions les droits de leurs alliés*, et à cette proposition contradictoire avec leur prétendue impartialité, on ne pouvoit obtenir aucune explication satisfaisante. Ils dirent à la vérité, mais d'une manière vague et inofficielle , que leurs alliances avec la Prusse et la Hollande, n'étoient que défensives , et qu'ils ne soutien-droient point ces deux puissances si elles se por-toient à des aggressions. Cet aveu n'étoit qu'un piège de plus tendu à notre crédulité; ils ne vou-lurent jamais lui donner une consistance ministé-rielle, et ils nous laissèrent toujours dans l'anxiété que devoient causer leurs premières déclarations. Ainsi, en se disant impuissans pour arrêter le

---

[1] Note de lord Grenville, 8 juillet.

torrent de la guerre , ils prétendoient tenir les forces de la France en échec , et lui enlever les moyens de défense ou d'attaque qu'elle avoit à sa disposition. Que devoit-on penser de cette manière de s'exprimer, lorsqu'elle étoit accompagnée d'armemens considérables dont on dissimuloit l'objet, sous le prétexte usé d'évolutions navales ; lorsque bientôt après ils rappeloient mylord Gower de Paris [1], parce que, selon eux, *ses lettres de créance étoient caduques depuis l'emprisonnement du roi, et que la résidence d'un ambassadeur à Paris , dans ces circonstances , seroit incompatible avec la neutralité?* Cette théorie, jusque-là inconnue dans la politique européenne , fut aussi rigoureusement exécutée à Londres qu'à Paris , et pour ne porter aucune atteinte à la neutralité de l'Angleterre, en reconnoissant un ministre de France, notre envoyé fut exilé de la cour , et dès ce moment, les ministres ne purent plus l'entretenir que comme un homme privé. C'étoit en effet une manière étrange et nouvelle, de garder la neutralité entre diverses puissances belligérantes, que de rompre avec l'une d'elles toutes communications ! Je vous le demande, Monsieur, qu'auriez-vous dit si au moment où le parlement conventionnel [2] déclaroit le dernier des Stuarts déchu du trône, quelques puissances européennes eussent contesté, les armes à la main, à cette assemblée le droit de prendre cette résolution ; et si, au même moment, la France eut rappelé son ministre, sous le prétexte qu'elle ne pouvoit en avoir à Saint-James sans sortir de la neutralité

---

[1] 17 août.

[2] Les historiens anglois appellent parlement conventionel CONVENTION PAOLIAMENT, celui qui a prononcé la déchéance de Jacques II.

qu'elle devoit observer vis-à-vis des états ligués contre cette révolution ? Vous auriez vu, dans cette démarche, une complicité décidée avec vos ennemis; et vous auriez traité comme la plus provoquante ironie, *les assurances d'amitié et de bon voisinage* que lord Gower, avant son départ, eut ordre de nous donner, en manifestant en même-tems, au nom du roi son maître, *le plus vif intérêt pour sa mejesté très-chrétienne.*

Mon opinion, Monsieur, est que de ce moment nous fûmes en état de guerre avec l'Angleterre : et il n'y a que la plus déplorable foiblesse qui ait pu nous empêcher de prendre les devans et de la lui faire avec activité. Les démarches hostiles de la régence d'Hanovre à la diète germanique, les négociations mystérieuses que vous suiviez avec l'Espagne, l'assentiment donné publiquement par votre ambassadeur à la Haye, à la réponse insultante qu'avoient faite les États-Généraux à notre ministre, qui leur demandoit des explications sur leurs mouvemens équivoques [1], la joie qu'on affichoit à Saint-James au bruit de nos revers, la douleur que l'on témoignoit au bruit de nos succès, vous constituoient à notre égard dans l'état d'hostilité le moins douteux. Les évenemens qui se passoient en Pologne à la même époque, et le silence que vous gardiez sur tout ce que faisaient, dans ce malheureux royaume, la Russie et la Prusse de concert, annonçoient d'ailleurs un parti pris dans le cabinet de Saint-James, et sa détermination désormais immuable d'adhérer aux plans subversifs de la triple alliance [2]. Nous

---

[1] Tous ces événemens sont de la fin d'août et du commencement de septembre.

[2] On sait que c'est dans le courant d'août 1792, que la Russie fit la contre-révolution en Pologne. Personne n'ignore que la révolution s'étoit faite sous les auspices de la Prusse.

devions donc voir dès lors que notre ruine étoit
jurée sans retour, et qu'il ne nous falloit rien
moins que l'énergie que donne le désespoir, pour
rompre la ligue dont nous étions nous-mêmes
l'objet.

C'est au milieu de ces circonstances terribles,
et lorsque l'orage se grossissoit de plus en plus sur
notre tête, que la convention nationale, destinée
à le dissiper et à le reporter sur nos ennemis, prit
les rênes d'un empire presque dissout. Les premiers momens de son existence furent marqués
par des succès dignes de l'audace avec laquelle
elle brava tous les périls qui l'entouraient. Vous
semblâtes aussi-tôt prévoir les hautes destinées
de cette assemblée fameuse, et vouloir vous en
rapprocher. Notre entrée en Belgique vous parut
présenter une occasion favorable de reproduire
le projet que vous aviez toujours eu, de rétablir
dans ces contrées un prince de la maison d'Hanovre. Il faut croire que vous dirigeâtes les ouvertures que fit la Prusse à cette époque [1], et
que les nouvelles intrigues de Vandernoot, à
Londres, et l'arrivée précipitée, dans cette ca-
pitale, du baron de Jacobi, envoyé du roi de
Prusse [2], n'étoient point sans liaison avec les
propositions qu'avoient faites les généraux de la
cour de Berlin. Ces offres pouvoient avoir, au

---

et quelle fut la conséquence du système adopté par cette cour
et par celle de Londres en 1790, système qui détermina le
traité d'alliance conclu en avril de cette année, entre la Pologne et la cour de Berlin. Lorsqu'en août 1792, les Polonais
reclamèrent l'exécution de ce traité contre la Russie, on leur
répondit en partageant une seconde fois leur territoire avec
cette puissance. Le roi de Prusse obtint ainsi Thorn et Dantzig.
Peut-on croire que tout cela se passoit sans la participation de
M. Pitt, et son silence ne l'accusoit-il pas de complicité !

[1] Ouvertures faites par les généraux prussiens à ceux de
la république.

[2] Octobre 1793.

premier coup-d'œil, quelque chose de séduisant, puisqu'on en faisoit la base d'une quadruple alliance entre la France, la Hollande, l'Angleterre et la Prusse : ce qui est certain, c'est qu'elles constatent d'une manière bien éclatante l'assertion que j'ai tant de fois eu l'occasion de répéter, que vous ne cherchiez, en troublant l'Europe, qu'à servir exclusivement les intérêts de l'Angleterre, et à satisfaire les passions personnelles du roi votre maître, pour l'agrandissement de sa famille aux dépens de qui que ce fut.

Ce plan n'eut point le succès que vous en attendiez ; on ne s'aveugla point, à Paris, sur les dangers qu'il présentoit, et loin d'y trouver un moyen d'assurer la paix, on y vit, au contraire et avec raison, une source intarissable de querelles. On fit, en conséquence, connoître que l'on ne prétendoit point s'approprier la Belgique ; mais qu'en même-tems on ne souffriroit pas qu'elle devint la propriété de personne. Bientôt après fut prise la mesure qui ouvroit l'Escaut aux Belges affranchis [1] : ce décret vous ôta tout espoir, et dès lors vous vous préparâtes à entrer dans la coalition, avant que nous pussions nous reconnoître et organiser une forme quelconque de gouvernement.

Je sais, Monsieur, que le moment dont je parle est critique, et que c'est de-là que datent toutes vos preuves pour justifier la guerre. Je sais tout ce qu'il y a à dire et tout ce que vous avez dit sur les propagandistes qui vous inspiroient tant de terreur ; sur la joie du peuple anglais, au récit de nos victoires qui vous en inspiroit bien davantage ; sur les adresses, enfin, qu'envoyoient à la Convention nationale des sociétés patriotiques de la Grande-Bretagne, et sur les décrets d'adoption

---

(1) Décret du 19 novembre.

que la Convention portoit , en retour , en faveur de
quelques-uns de vos citoyens. Tout ce que ces
évènemens vous sembloient présager de calami-
teux, se lioit dans votre esprit à la décision qui
promettoit assistance aux peuples contre leurs
oppresseurs [1], aux fermentations qui s'annonçoient en Irlande et en Ecosse, et à celles que
vous faisoit craindre, en Angleterre, le procès
de Thomas Payne. Vous crûtes ou vous feignîtes
de croire la Grande-Bretagne déjà plongée dans
le gouffre d'une révolution ; et vous prites, dans
ces alarmes imaginaires, un prétexte pour accélérer une rupture avec nous. Ce moment, à dire
vrai , étoit favorable : l'opposition étoit divisée,
et les chefs de ce parti si renommé par ses apos-
tasies, qui naguères avoient voulu vous imposer
les conditions les plus hautaines [2], passoient,
pour la plupart, dans votre camp, et venoient
solliciter l'honneur de servir sous vos ordres [3].
Ceux même que le danger parut confirmer dans
leurs principes, tels que MM. Sheridan, Gray et
Erskine, sembloient céder au torrent de l'opinion
propagée par votre cabinet qu'il falloit, à tout
prix, sauver la Belgique et la Hollande de notre
influence, et s'opposer au décret qui ouvroit l'Escaut. Avant de vous livrer à l'impulsion de ces
circonstances, capables peut-être de séduire, vous
fîtes faire auprès de notre ministre, et cela sous

---

(1) Décret du 15 novembre 1792.

(2) Vers le milieu de 1792, il fut question d'un accommodement entre l'opposition et M. Pitt. Mais la première vouloit pour elle et pour son parti des conditions trop avantageuses
et trop humiliantes pour les antagonistes, ensorte que la négociation échoua.

(3) De ce nombre étoient le duc de Portland , lord Car-
lisle, lord Fitz-Williams et M. Windham, devenu secrétaire
de la guerre. Cette défection a porté à l'opposition les derniers
coups.

des formes insultantes et en méconnoissant à l'instant même notre gouvernement [1], une tentative
qui avoit pour but de l'amener à remettre sur le ta-
pis les propositions de la cour de Berlin sur la
Belgique [2]. On vous réitéra ce qu'on vous avoit
déjà dit; que la Grande-Bretagne, après avoir
affiché la plus complette indifférence ; après s'être
constamment refusée à un concert, destiné à rétablir la paix avant que la guerre n'eut fait des
progrès; et n'avoir rien voulu faire pour ré-
primer les aggressions de la Hollande et de la
Prusse, ses alliés, avoit fort mauvaise grace à
intervenir, dans la discussion, au moment où nous
triomphions de nos ennemis : on ajouta que quant
à la Belgique, on ne trafiqueroit point de ses habitans; et que la Hollande seroit respectée, si
l'Angleterre consentoit à n'avoir elle - même,
sur cette république, aucune des prétentions ty-
ranniques qui s'étoient établies depuis la contre-
révolution anglo-prussienne. Vous n'étiez point
accoutumé à entendre un pareil langage dans la
bouche de nos envoyés : sans faire vous-même
aucune proposition, vous rompîtes toute conférence, et vous vous disposâtes sérieusement à la
guerre.

Ce parti pris une fois, il faut convenir que
votre conduite comme ministre mérita quelques
éloges. La vigueur avec laquelle vous sûtes comprimer en un moment toutes les fermentations,
et rendre à l'aristocratie de la nation tout l'ascendant que le progrès des idées républicaines lui

____

(1) On se servoit des termes : « Le gouvernement actuellement existant à Paris. »

(2) Entrevue de mylord Grenville avec Chauvelin, le 29
novembre. Voyez les pièces publiées par la Convention
nationale.

(43)

avoit fait perdre un instant : le parti que vous
sûtes tirer de la division qui s'étoit opérée dans
l'opposition, et de l'unanimité qui existoit sur la
nécessité de s'opposer aux vues que l'on nous
supposoit sur la Hollande, attestent la fermeté de
votre caractère autant que la force de vos moyens.
Un succès plus complet étoit, je l'avoue, impos-
sible : vous sûtes, avec art, créer des alarmes, et
les augmenter encore par les immenses préparatifs de défensive que vous déployâtes soudainement, comme si vous eussiez eu à craindre une
insurrection générale, et par la convocation précipitée du parlement [1]. On se crut menacé d'une
subversion imminente; les esprits furent disposés
à tolérer tout l'arbitraire de vos mesures. En un
moment, le cri de *vive le roi* remplaça celui de
vive Thomas Paine : les Français, qui étoient en
faveur, se virent proscrits : enfin l'activité de vos
moyens repressifs se fit sentir à-la-fois dans les
trois royaumes, et au même instant vous rédui-
sîtes les sociétés de l'Angleterre à se cacher; vous
dispersâtes la convention d'Edimbourg, qui menaçoit l'Ecosse d'une révolution, et vous empê-
châtes l'ancien volcan de l'Irlande de se rallumer,
lorsque le murmure des fermentations intestines
y annonçoit une prochaine éruption.

C'est au milieu de ce triomphe et de la stupeur
générale que votre monarque se rendit au parlement [2] pour dénoncer, à toute la nation, la
part que nous prenions à vos agitations intérieures,

---

(1) Les ministres armèrent, sur-le-champ, les milices de
plusieurs comtés du sud-est de l'Angleterre; on renforça la
tour d'une garnison nouvelle, et le parlement, qui ordinaire-
ment a quarante jours pour s'assembler, eut ordre de se réunir
pour le 14 décembre. Les mesures furent consignées dans deux
proclamations du premier décembre.

(2) 14 décembre.

et exposer ses griefs contre nos opérations politiques et militaires. Tout respiroit la guerre dans
son discours, et cependant il consentoit à s'y mon-
trer encore *disposé à entrer avec nous dans des
explications pacifiques.*

Après cette levée de bouclier, la guerre étoit
déclarée, et je ne sais pourquoi je retrouve encore
des pourparlers infructueux, où nous ne paroissons
que pour recevoir des outrages, et auxquels vous
ne vous prêtez que pour gagner du tems. Le desir
de négocier que témoignoit encore votre cabinet
ne pouvoit être qu'un leurre, puisqu'avant d'avoir
fait les moindres ouvertures, vous vous étiez
porté à plusieurs démarches hostiles. Déjà mylord
Aukland avoit notifié, aux Etats-Généraux [1],
que l'Angleterre étoit prête à exécuter le traité
d'alliance de 1788, et l'on savoit parfaitement
que des précautions commandées par l'intérêt de
votre commerce et le desir d'avoir quelques cer-
titudes sur l'Espagne, qui hésitoit à se déclarer,
étoient les seuls motifs qui vous retenoient encore.
Au surplus, si la guerre n'éclata pas immédiatement, il ne faut pas s'en prendre à la conduite
que tint dans le parlement le parti ministériel, où
les apostats de l'opposition, M. Burke et mylord
Fitzwilliams, ce lord si constant dans sa rage
contre notre révolution, se distinguèrent par leur
zèle à nous invectiver [2]. Dans les deux chambres,
on repoussa avec un acharnement qui tenoit de la
fureur jusqu'au mot de *négociatiou* [3], et nous

___

(1) Novembre 1792.

[2] Dans la chambre des lords, M. Fitz-Williams disoit :
» laissons passer les hommes qui sont en France, et en atten-
» dant battons nous ».

[1] Un membre dans la chambre des communes, proposa
d'envoyer un négociateur pour intervenir en faveur de la famille de Bourbon. M. Burke s'emporta avec fureur contre cette
proposition, et dit qu'il aimeroit autant entendre jouer ça ira
dans la chambre. Voyez les débats de décembre 1792.

dûmes

dûmes dès lors nous attendre à nous voir un jour
désignés comme *une horde de proscrits , incapab.es
d'entretenir avec les autres peuples aucunes des
relations accoutumées* [1]. Nos foibles ministres,
effrayés de votre triomphe , mollirent au premier
moment ; et au lieu de répondre à ces outrages par
des coups rapides et bien dirigés , ils continuèrent
à négocier avec la meilleure foi du monde ; mais
toujours sans succès et sans pouvoir même vous
approcher.

Au surplus, cette sévérité avec laquelle vous
traitiez notre envoyé, se radoucissoit envers les
agens sans caractère, et avoués cependant , qu'a-
voit auprès de vous le conseil exécutif [2]. Persévérant dans votre projet primitif de tirer parti
de nos malheurs avec le moins d'embarras et de
déboursés possibles, vous vous montriez empressé
de suivre des négociations secrètes, qui ne pouvoient vous compromettre, dans l'espoir de nous
y amener à des propositions humiliantes, et vous
n'épargnâtes rien pour nous attirer dans ce piège.
Le conseil exécutif résolut avec énergie de ne point
descendre *à ce mode privé d'explication* qu'il vous
plaisoit *de suggérer :* mais c'étoit s'y soumettre
que de s'obstiner à entretenir avec vous des communications par le moyen d'un envoyé qu'on ne
vouloit point reconnoître, et à qui l'on faisoit toujours observer, préalablement aux entrevues les
plus insignifiantes, qu'on ne lui accordoit aucun

[1] C'est le langage qu'a tenu M. Pitt envers la république,
durant toute cette guerre , jusqu'aux ouvertures qui ont amené
la première mission de lord Malmesbury. M. Fitz-Williams a
dernièrement attribué la paix séparée de l'Empereur avec nous,
à l'abandon de ce langage.

[2] Le citoyen Maret étoit un de ces agens. M. Pitt feignoit
d'être assez disposé à traiter avec lui ; mais , comme on le
verra plus bas , il fut à peine revêtu du caractère de chargé
d'affaires , qu'il refusa de l'entendre.

caractère. C'étoit s'avilir que de parler encore de
négociation, lorsque vous provoquiez deux actes
qui rompoient tous les liens pacifiques qui unis-
soient encore les deux empires, et dont l'un, sous
le prétexte d'une mesure générale et au mépris des
traités, soumettoit les Français exclusivement à
la plus insultante police [1]; lorsque vous faisiez
arrêter, dans vos ports, des vaisseaux chargés de
blés pour le compte de notre gouvernement (2);
lorsqu'enfin vous prépariez déjà ouvertement ce système de famine que vous avez essayé depuis
d'exécuter à notre égard, en défendant seulement,
pour la France, l'exportation d'aucuns objets d'ap-
provisionnement.

On gémit, Monsieur, de voir que d'aussi fla-
grantes hostilités ne purent rebuter la constance
de notre gouvernement. On vous menaça, à la
vérité, d'opposer au bill sur les étrangers, la rupture du traité de 1786. Malheureusement on ne
soutint point cette attitude énergique; pour prouver d'une manière plus éclatante l'intention sin-
cère où l'on étoit de négocier, et pour dissiper les difficultés de formes que vous trouviez
à traiter avec notre envoyé, vu la cessation, selon
vous, de ses pouvoirs, on l'accrédita de nouveau.
On descendit sur les deux points principaux de la
discussion, sur les décrets du 15 et 19 novembre,
à des explications raisonnables peut-être, mais
qui ne pouvoient qu'être déplacées, après ce qui
s'étoit passé. On vous proposa *de faire modifier*

---

[1] Bill des étrangers et un autre bill défendant sous peine
de mort, d'entretenir aucune liaison d'affaires avec des habitans de la France. Ces deux lois étoient proposées par M. Pitt,
vers la fin de décembre 1792. Lord Longh Bourough avoua
dans la chambre des pairs, que le bill sur les étrangers n'étoit
au plus dirigé que contre dix-neuf personnes.

[2] Décembre 1792.

solemnellement le premier décret (1), *d'une ma-*
nière à vous satisfaire ; et quant à l'Escaut, on
consentit à ne considérer la question que comme
provisoirement décidée, et à la remettre à la deter-
mination des Belges indépendans, à la paix ge-
nérale (2). Ces propositions pouvoient devenir la
base d'une négociation, si vous eussiez voulu con-
sentir a les discuter ; mais vous ne vouliez poiut
d'accommodement et vous en repoussiez tous les
moyens. Loin de vouloir reconnoître les nouveaux
pouvoirs envoyés à notre ministre, M. Grenville
ne put en entendre parler sans *faire un mouvement*
d'horreur. Il écouta cependant les dernières explications qu'il avoit à lui donner, parce qu'il
convenoit encore à vos plans d'entretenir un fantôme de négociation, pour en imposer à la cour
de Madrid, que vous pressiez de se décider, et
qui pouvoit craindre de se voir sacrifiée à un rapprochement subit entre votre cabinet et le nôtre.
Un courrier vous eût à peine apporté l'adhésion
de cette cour à la guerre, que vous sortîtes du
nuage dont, jusque-là, vous vous étiez enveloppé.
Les derniers offices où notre ministre se plaignoit
de vos procédés hostiles et dénonçoit, si vous y
persistiez, la rupture du traité de 1786, lui furent
renvoyés comme d'inutiles chiffons (3) ; et les
derniers efforts de conciliation qu'il avoit faits,
traités, ministériellement cette fois, comme le
comble de l'insulte et repoussés avec le ton que
prend, envers son esclave, un maître irrité (4).

---

[1] Celui qui promettoit assistance aux peuples qui secoue-
roient le joug de la tyrannie.

[2] Premiers jours de janvier 1793.

[3] M. Grenville renvoya au citoyen Chauvelin les papiers où il se plaignoit de l'arrestation des bâtimens, et menaçoit de la rupture du traité de 86.

[4] Note de M. Grenville, du 18 janvier.

Ce dernier outrage mit un terme aux humiliations publiques; mais nous voulûmes épuiser le calice jusqu'à la lie, et pour me servir d'une expression de M. Burke, en parlant des démarches pacifiques de votre cour depuis 18 mois, *nous nous montrâmes encore plus patiens à souffrir de nouveaux affronts, que vous ne mettiez de raffinement à les inventer.* On se détermina à passer par de nouvelles épreuves, et l'on envoya en conséquence le citoyen Maret. Mais ce nouvel envoyé, avec lequel vous aviez semblé disposé à lier des conférences tant qu'il se trouva à Londres sans titre public, ne put lui-même être admis à devenir l'intermédiaire de nos explications, depuis qu'il étoit revêtu du simple caractère de chargé d'affaires (1). La Convention nationale répondit à ce refus total de négocier, par une déclaration de guerre. Cette mesure, à laquelle on ne peut reprocher que d'avoir été trop tardive, devint une arme bien terrible dans la main des partis qui nous divisoient alors, et elle vous a fourni à vous-même le texte des différentes déclarations dans lesquelles il vous a plu de nous constituer les aggresseurs. Mais j'en appelle aujourd'hui à votre bonne-foi, Monsieur : n'est-il pas évident que nous n'avons autre chose à reprocher aux hommes qui tenoient alors les rênes, que d'avoir trop tardé à vous rendre la guerre que vous nous faisiez depuis si long-tems ? Ils commirent une autre faute, dont j'aurai occasion de parler bientôt, et qu'il faut encore leur pardonner, puisque, comme la première, elle eût son principe dans leur desir ardent d'épargner à l'humanité tous les maux qu'elle a soufferts. Malheureusement ces penchans

---

[1] Le citoyen Maret arriva après la mort du roi et après le départ du citoyen Chauvelin.

si louables dans l'homme privé , ne peuvent s'allier avec les devoirs que s'impose celui qui entreprend la tâche difficile de gouverner les États : et c'est une vertu dans ce dernier, que de savoir exposer de sang-froid sa patrie à des maux terribles , mais passagers, pour lui en épargner de plus durables , et maintenir sa considération et sa dignité. Il sait qu'un empire impunément outragé laisse établir l'opinion de sa foiblesse ; que la foiblesse présumée éveille toutes les ambitions voisines, et que du moment qu'il commença d'être méprisé à celui où ces ambitieux se liguent pour le détruire , il n'y a d'intervalle que le tems nécessaire pour concerter l'aggression , en préparer les prétextes et s'entendre sur son partage.

C'étoit pour n'avoir point adhéré à ces maximes, que la France étoit déchue au point où elle l'étoit dans les derniers tems de la monarchie, et qu'elle vit se former contre elle une coalition dont tous les observateurs patriotes appercevoient , depuis long-tems, le germe dans son système politique. C'est pour les avoir méconnues, que les hommes qui composoient notre conseil exécutif s'empressèrent , dès les premiers revers de la Belgique , de renouveller auprès de vous leurs tentatives pour négocier. On vous fit demander un passe-port pour un envoyé qui devoit vous porter de nouvelles propositions (1) : pour faciliter le succès de cette démarche, on rapporta préalablement le décret qui vous portoit tant d'ombrage [2]. Vous ne daignâtes même pas détourner un moment les yeux pour les fixer sur cette nouvelle ouverture. Mais ,

---

[1] Avril 1793.

[2] Décret du 11 avril 1793 , qui déclare que la république française respectera tous les gouvernemens établis.

D 3

persévérant dans votre plan de nous amener nous-mêmes, par des voies secrètes, aux propositions les plus déshonorantes, vous nous fites parvenir, d'une manière très-indirecte, par un des agens secrets que vous soldiez à Paris, un projet dont la substance étoit faite pour révolter tous les esprits, même les plus foibles et les plus corrompus; puisqu'il ne s'agissoit de rien moins *que de recevoir de vos mains une constitution ; d'invoquer la médiation de votre cour et de l'indemniser de ses préparatifs ; de rappeler les émigrés ; de pensionner les restes de la famille des Bourbons ; de répartir entre les coalisés , nos anciennes acquisitions et nos conquêtes récentes* [1]; de signer enfin un traité comme ceux que la triple alliance venoit d'imposer à la Pologne, et que la cour de Pétersbourg avoit récemment extorqués à la Suède. Heureusement , Monsieur , le gouvernement , en France, avoit changé dè mains, et ces propositions et ceux qui s'en étoient rendus les intermédiaires, furent reçus comme ils le méritoient.

Je respire enfin, et me voilà arrivé au terme de toutes nos humiliations. Terminons ce récit pénible par un coup-d'œil sur les motifs que vous crûtes avoir de nous faire la guerre, et sur les efforts que nous avons employés pour l'éviter.

La guerre à peine déclarée, les vues de la coalition à peine mises à jour, la France, persuadée que cette ligue ne pourroit avoir de solidité sans l'adhésion ou la connivence de votre cour, et convaincue qu'elle n'étoit aussi confiante dans ses déclarations , aussi effrontée dans ses projets, que parce qu'elle avoit des raisons de compter sur

---

[1] C'est vers la fin de mai ou au commencement de juin, qu'il se présenta à Paris un individu qui disoit pouvoir faire accepter ces propositions aux ministres britaniques , si nous voulions y souscrire.

votre aveu, s'empressa de faire auprès de vous
les démarches les plus actives et les moins équivoques, pour vous déterminer à une alliance devant laquelle toutes les combinaisons ambitieuses
se seroient évanouies; elle employa, pour vous
décider, tout ce que la déférence a de plus ami-
cal, tout ce que d'importans sacrifices devoient
avoir de plus séduisant pour un ministre britannique; et sa confiance et ses offres furent les jouets
de vos subterfuges et de vos froideurs: la demande
qu'elle fit de votre médiation, ne fut pas mieux
accueillie, ou plutôt elle fut repoussée par la plus
insultante dérision; car c'est une dérision, que de
parler de neutralité quand on s'avoue l'allié d'une
des parties belligérantes, et de se dire indifférent
quand, par la nature des choses, on ne peut l'être
à des évènemens qui menaçoient et l'indépendance des Etats et celle des peuples. Vous pouviez
arrêter la guerre dans son principe, et vous agis-
siez sourdement à Pétersbourg, à Berlin, à la
Haye, à Vienne, à Madrid, et dans les cours
d'Italie dont vous exaspériez l'impuissante malveillance, pour en aggrandir la sphère. Vous
parliez de neutralité à l'instant où vous rompiez
avec nous, comme avec un peuple de proscrits,
les communications les plus vulgaires; et lorsque
vous ne vouliez rien faire pour arrêter le torrent
des hostilités, vous nous imposiez la loi de respecter des alliés coupables de tous les genres d'aggression; vous vouliez garantir, par la puissance
seule de vos menaces, le territoire des ennemis
qui envahissoient le nôtre, et vous sembliez nous
ordonner de nous soumettre sans obstacles et sans
défense, au sort que les manifestes prussiens nous
faisoient espérer. Qu'avez-vous à répondre, Monsieur, à ces raisonnemens dont le repentir vous a
sans doute démontré déjà bien des fois la jus-
tesse ?

A la rigueur, je pourrois abandonner ici mes preuves et me borner à ces argumens, pour démontrer que vous fûtes l'aggresseur. Tous les évènemens qui suivirent ne furent, en effet, que des développemens du principe que vous aviez , dès ces premiers tems, pris pour base de votre conduite : et disputer, après cette époque, sur ce qui s'est fait de part et d'autre, c'est se livrer à d'inutiles débats pour savoir qui porta les premiers coups ; question qui, entre les États, ne décide point, comme devant les tribunaux, qui fût le provocateur. Cependant , Monsieur, par l'intérêt que j'attache à ce que la matière soit approfondie, je veux bien encore peser, avec la plus scrupuleuse franchise, la conduite des deux cabinets , lorsque les discussions qui ont amené la rupture, commencèrent à prendre un caractère vraiment hostile.

De deux Etats que divise un différend, quel est celui qu'il faut considérer comme aggresseur ? Est-ce celui qui envoie des ambassadeurs , ou celui qui rappelle les siens ; celui qui brave les humiliations les plus sanglantes pour obtenir et donner des explications , ou celui qui ne veut ni en recevoir ni en offrir ; celui enfin qui, aux dépens de son honneur, s'obstine à civiliser le différend et à tenir ouvertes les voies de la négociation ; ou celui qui, n'en appelant qu'a l'épée, repousse, comme un affront, les ouvertures les plus propres à devenir la base d'un accommodement ?

Parlerai-je du second de vos griefs en importance, de celui relatif au décret du 15 novembre ? j'avouerai, sans hésiter, que la déclaration qu'il contenoit avoit quelque chose d'irrégulier. Mais devons-nous croire, Monsieur, à l'importance que vous feignîtes d'attacher à ce décret, vous qu'on ne peut soupçonner de ne point apprécier la valeur de ces ressources diplomatiques que déploient les

eabinets avant que les armes n'aient décidé ?
Adopterons-nous la réalité de la crainte que vous
parûtes avoir que cette promesse faite aux peuples, de les aider à reconquérir leurs droits, ne
formât soudainement, dans la Grande-Bretagne,
des légions révolutionnaires ? Rien ne prouve
mieux combien vous étiez loin d'éprouver ces
craintes, que les mesures despotiques que vous
employâtes quelques tems après pour comprimer
toutes les idées de réforme, et le succès qui les
suivit : si vous les eussiez vraiment éprouvées,
ne vous auroit-il pas suffi de publier l'assurance
qu'on vous avoit itérativement donnée, *que loin de
vouloir soutenir les séditieux dans aucuns pays ;
s'il y avoit, en Angleterre, des français qui
en méritassent le nom, on les abandonneroit volon-
tiers à la rigueur des lois.* Ce décret, d'ailleurs,
étoit justifiable sous plus d'un rapport : on ne le
rendit que lorsqu'on désespéra de triompher de
votre malveillance, et lorsqu'on prévit à-peu-près
que tous les moyens de conciliation étoient épuisés.
Enfin, il n'étoit, après tout, qu'une juste repré-
saille des déclarations des coalisés ; lorsqu'on affichoit aussi ouvertement l'intention d'anéantir
les droits des peuples, pourquoi les représentans
d'une nation dans laquelle toutes les nations étoient
menacées, n'auroient-ils pu appeler tous les hommes libres à former entr'eux une ligue propre à
en imposer aux ennemis communs ? Enfin, Monsieur, je suis convaincu, et les événemens posté-
rieurs l'ont suffisamment prouvé, que ce décret
lui-même, tant on étoit disposé à la paix en France,
auroit disparu devant des communications sincères
et vraiment pacifiques. Que deviennent donc vos
motifs urgens pour précipiter l'Angleterre dans
cette guerre *juste* et *nécessaire*, et que devons-
nous penser de ces tardives déclarations dans lesquelles, repoussant la gloire que vous aviez tant

ambitionnée jusqu'alors, d'en avoir été l'auteur, vous en rejettez sur nous l'initiative? Il est certain que nous l'avons eue cette initiative, si vous la faites consister dans la formalité d'une proclamation; car, sans nous l'avoir déclarée, vous nous faisiez réellement la guerre depuis six mois. Cette conduite, au surplus, n'étoit que conséquente à vos principes; vous ne pouviez employer les formes consacrées parmi les peuples, vis-à-vis d'une horde de brigands et de bannis, chez laquelle vous ne reconnoissiez ni gouvernement ni magistrats. Mais si ce sont les actes hostiles qui constituent la guerre, je crois en avoir assez prouvé, pour vous mettre en état de revendiquer le mérite de l'avoir provoquée et l'honneur d'y avoir forcé un ennemi qui ne s'y engageoit qu'avec répugnance, et qui fit tout pour l'éviter.

Mais abandonnons le sarcasme et l'ironie dans une discussion de cette importance. L'humanité a versé bien des pleurs, depuis six ans, et ce n'est point quand on retrace le tableau de ses douleurs, qu'il est permis d'y insulter par des saillies déplacées. Disons donc, Monsieur, que le destin du monde a été un moment dans vos mains, et que vous vous êtes refusé à le fixer. Emporté par une haine héréditaire contre nous, et sacrifiant aux préjugés populaires de votre pays, vous avez saisi avec chaleur une circonstance qui vous a paru propre pour consommer l'abaissement de la France comme état. La condition à laquelle vous nous eussiez réduits, si vous eussiez triomphé, se lit en termes assez clairs, dans cette déclaration si souvent énoncée dans vos momens de prospérité, que la Grande-Bretagne ne poseroit point les armes sans avoir obtenu *une réparation complette sur le passé* et *une garantie solide sur l'avenir*. Ce que ce langage pourroit avoir d'équivoque, s'éclaircit par les propositions que vous fîtes parvenir quelques mois après la rupture. Vous avez suivi, pour arriver à votre but, un système de conduite composé des moyens ténébreux et machiavéliques que vous imaginiez être les plus appropriés à votre position, et des moyens violens que suggéroit la haine brutale et irréfléchie du roi votre maître : sous ce dernier rapport, on voit que vous avez sacrifié vos plans à votre place, et comme ministre, cette condescendance ne peut vous honorer. Soit que vous ayez fait la paix ou la guerre, on a toujours vu cette double influence diriger vos opérations, et contribuer, le plus souvent, à les faire échouer. Qu'est-il arrivé ? ce qu'avoient prédit, dans le parlement même, des orateurs qui, comme Cassandre, prophétisoient à Troye ses malheurs, et qui, loin d'être écoutés, n'obtenoient en retour que des mépris : la France est sortie triomphante de cette lutte, et s'appliquant à son tour la nécessité *d'une réparation pour le passé*, et *d'une garantie pour l'avenir*, elle s'est vu forcée à ces dispositions qui étonnent l'Europe, et dont vous êtes réduit aujourd'hui à n'être que spectateur impuissant et oisif.

C'est donc à vous, Monsieur, que l'Europe doit demander compte de tout ce qui se passe, puisqu'il a tenu à vous seul de l'empêcher. Ainsi, si depuis 1792, des Etats ont souffert dans leur territoire ou dans leur constitution ; s'il y a des peuples qui aient vu décliner à-la-fois leur indépendance et leur prospérité ; si la Grande-Bretagne a augmenté ses dettes dans une proportion qui, de l'aveu des personnes les moins prévenues, surpasse infiniment ses ressources ; si l'Irlande et l'Ecosse, arrachées à l'empire des loix, sont livrées à celui des cours martiales et des commissions, c'est vous qu'il faut en accuser. L'Europe va exister sous un système entièrement nouveau, dont on ne sauroit encore prévoir les conséquences ; ainsi , l'anxiété où se trouvent tous les États et vaincus et vainqueurs est encore un de vos bienfaits : une seule chose rassure les amis de l'humanité et de la paix ; c'est que quelque soit l'état politique du monde, l'Angleterre ne sera plus la maîtresse de le diriger au gré de ses caprices et de ses intérêts.

Quels regrets ne doivent point éprouver aujourd'hui les cabinets qui , après s'être rendus les instrumens et les complices de vos projets de subversion et en avoir été les victimes, comparent, dans le silence affreux des calamités et au milieu des inquiétudes qui tourmentent encore leur existence, l'état de choses qui existe à celui qu'auroient pu établir deux puissances comme la France et l'Angleterre si, en 1792, vous eussiez accueilli les ouvertures qui vous furent faites? Comme français, je bénis les évènemens qui ont produit la différence des résultats. Je ne puis cependant, comme homme et comme observateur, m'empêcher de fixer, avec quelque plaisir, le tableau imaginaire auquel il n'a tenu qu'à vous de donner quelque réalité, si, content d'avoir porté votre pays au plus haut point de prospérité, vous eussiez voulu faire quelque chose pour le bien général. Parcourons, Monsieur, les principaux traits de ce tableau chimérique. —Après avoir éteint les torches de la guerre que vous aviez allumées, vous auriez rompu, entre les cours de Vienne, de Berlin et de Pétersbourg, cette alliance qui ne put être fondée que sur le brigandage, et qui dut faire trembler tout ce qui pouvoit être l'objet de leur convoitise. Alors on auroit pu asseoir l'Europe sur les bases solides qu'elle avoit perdues depuis la déviation de notre systême politique. Des mesures vigoureuses et sagement concertées auroient comprimé toutes les ambitions , et rétabli cet équilibre pour lequel l'Angleterre avoit sacrifié tant de sang

et de trésors, et qui, par des combinaisons dont
vous sentez vraisemblablement aujourd'hui tout
le vice, avoit été sacrifié aux intrigues de votre
cabinet et aux aveugles complaisances du nôtre.
On eut replacé le Nord dans son assiette, en ren-
dant à la Suède son indépendance, en sauvant la
Pologne du gouffre que vos perfidies et celles de
vos alliés lui creusoient, et en remettant à sa place
la cour de Pétersbourg, cette puissance parvenue,
dont la hauteur et les prétentions extravagantes
insultent aux plus anciens et aux plus respectables
États. L'Allemagne eut été rétablie sur le pied où
l'avoit laissée la paix d'Aix-la-Chapelle, et eut
recouvré la liberté qu'elle ne possédoit plus depuis
la coalition de l'Autriche et de la Prusse. En ga-
rantissant à la Porte une existence plus tranquille
et plus sûre, on eut conservé, à Constantinople,
le point de contact qui unit le système du Levant
et celui du Nord; le midi de l'Europe, toujours
passif dans les grands mouvemens, auroit repris
son allure uniforme et paisible. Après avoir assuré
ainsi le repos du monde, il eut été plus facile,
peut-être, qu'on ne le croit, de s'entendre pour en
partager la richesse, et pour substituer à une riva-
lité si féconde en guerres désastreuses, une émula-
tion qui auroit tourné au profit de l'humanité et
consolidé l'intimité des deux peuples.

C'étoit-là, Monsieur, le rêve de quelques
hommes éclairés en France : c'étoit aussi, immédiatement après la signature de la paix de 1783,
l'idée favorite de Georges III, et d'un ministre
respectable qui se félicita long-tems de vous
avoir désigné pour son successeur [1]. Alors, au

---

[1] C'est de M. Shelburne, aujourd'hui marquis de
Lansdowne, qu'on veut parler. Voici un discours de
George III, immédiatement après la dernière paix, qui

sortir d'une guerre terrible , on se livroit avec
plaisir aux sentimens analogues au besoin qu'on
éprouvoit du repos ; la prospérité les a fait abandonner pour des sentimens bien contraires, et l'on
a cru pouvoir spéculer sur nos malheurs. Il ne
m'appartient point, Monsieur, d'émettre une opinion sur la différence des deux systèmes : c'est à
l'Europe entière à prononcer ce jugement, et je
respecte trop l'infortune pour le prévenir.

Cependant, Monsieur. qu'il me soit permis de
vous demander ce que vous prétendez faire aujourd'hui, pour contrarier les résultats indestruc-
tibles qui sont devant vous? Quand vous réussi-
riez à rallumer la guerre sur le continent, en y
versant une partie des subsides que vous venez
d'obtenir, et lors même que vous trouveriez des
puissances assez aveugles pour se liguer avec
vous contre le nouvel ordre de choses, au lieu d'y
prendre part, vous n'obtiendriez encore en cela
qu'un succès d'autant plus malheureux, que pour
me servir d'une expression d'un de vos pairs, *la
paix est la seule victoire qu'il convienne à l'Angleterre d'ambitionner* [1]. Cessez donc, Monsieur,
de lutter contre les glorieuses destinées de la République Française : cessez de sacrifier, à d'inutiles efforts, le peu d'espérances qui restent à l'Angleterre, et ne recherchez point, en persistant dans

---

prouve les intentions qu'on lui attribue : « Je ne veux plus
» avoir la guerre avec la France. Il est tems que les an-
» ciennes puissances se réunissent pour faire rentrer les nou-
» velles dans les bornes de la justice. Nous avons vu un par-
» tage de la Pologne , empêchons-en un second. Si l'on
» n'y met ordre , l'Europe sera bientôt comme un bois
» peuplé de voleurs, et rien ne sera certain ». Qu'il y a
loin de ce langage à tout ce que nous venons de voir

[1] Le marquis de Lansdowne, dans les derniers débats du
parlement.

des projets chimériques et dans des prétentions
qui, au sein de l'adversité, annoncent encore l'intention de troubler le repos du 'monde [1], le déplorable honneur de périr victime du désespoir
d'une nation malheureuse, ou d'ensevelir ses lois
constitutionnelles et sa liberté sous les trophées de
votre amour - propre. Abandonnez un poste où
vous ne pouvez plus faire le bien quand vous le
desireriez: et, s'il est possible, entraînez pour un
moment avec vous, hors du cabinet, un monarque dont les passions personnelles n'ont pas
moins contribué que les vôtres à provoquer cette
guerre et à la prolonger. Allez, l'un et l'autre, en
contemplant la carte de l'Europe, vous livrer en
commun aux regrets du repentir, et laissez à
d'autres ministres le soin de faire, s'il se peut,
oublier au monde les maux que lui a causé votre

---

[1] il est assez singulier de voir M. Burke donner, dans
ses dernières paroles, pour ainsi dire, une preuve qu'on
ne peut laisser à l'Angleterre ses conquêtes, sans compromettre le repos du monde. « En parlant, dit-il, dans un
» de ses écrits posthumes, de l'ambition de nos voisins,
» n'oublions point la nôtre. Je l'avoue, je redoute notre
» ambition et notre puissance, et je crains que nous ne
» soyons devenus trop redoutables. Nous sommes hommes,
» nous ne sommes donc point à l'abri de la passion de nous ag-
» grandir. Ne le sommes-nous pas déjà à un dégré propre
» à alarmer! Nous possédons tout le commerce du monde.
» Notre empire dans l'Inde, est une chose effrayante. Si
» nous arrivions au point, non-seulement de conserver cet
» ascendant en commerce, mais encore de pouvoir sou-
» mettre à notre caprice celui des autres nations, nous
» aurions beau rassurer, on ne croira jamais que nous ne
» serons pas disposés un jour à en abuser, et cet état de
» choses produiroit tôt ou tard contre nous, des combi-
» naisons dont nous serions infailliblement les victimes ».
On ne peut rien dire de plus fort pour prouver le danger
qu'il y auroit pour l'Europe commerçante, à laisser l'Angleterre maîtresse des possessions qu'elle prétend conserver.
Lettre de Burke au duc de Portland, publiée en octobre
1797.

ministère; et à la France, le sort que vous lui préparez depuis dix ans, par une suite non interrompue d'humiliations sanglantes et de procédés despotiques, couronnés par une guerre entreprise sans nécessité, conduite sans jugement et terminée avec opprobre.

Paris, ce 9 janvier 1798.

www.ingramcontent.com/pod-product-compliance
Lightning Source LLC
LaVergne TN
LVHW022325170726
843503LV00006B/2718